増補新装版

神宿る！龍体《りゅうたい》文字と龍踊《りゅうおどる》文字完全なぞり書き練習帳

片野貴夫・しかくらかおる［監修］
一般社団法人 古代日本の癒し普及協会［編］

―― はじめに ――

美しいものには神が宿る

この本には、新しい令和の時代の到来にふさわしく、縁起よい組み合わせとして、「龍」という字が名前につく文字二つ、龍体文字と龍踊文字を掲載しました。

龍体文字は、平べったい形状が特徴で、もうひとつの龍踊文字は、今回、初めて目にする方が多いと思いますが、龍たちが自由に踊るようすを文字にしています。本当は「りゅうようもじ」と読むべきでしょうが、私はあえて、「りゅうおどるもじ」と読み換えています。そのほうが、龍が踊る躍動感が伝わってきます。

この二つの文字は、神代《かみよ》文字（古代文字）の中でも、難易度が高く、ホツマ文字やホメミ文字のように明らかな法則性はないので、相当な集中力が必要になります。一字一字、ゆっくりと筆を上げ下げしながら書くことによって、脳の基底核《きていかく》が鍛えられ、さらに呼吸が整い、心も落ち着いてくるでしょう。

気功治療家の私は、神代文字を書くことを、ずいぶん前から書く気功と銘打って、すすめています。私自身、毎日欠かさず日課としており、時間はかかりましたが、龍体文字も龍踊文字も、そらんじることができました。

般若心経などの写経を行うと功徳を得るとされていますが、神代文字の書写は、私は、完全な健康を維持するものであると確信しています。

さて、さらにもうひとつ、本書の大きなテーマは、美しく書くことの提言です。

私は、日常で「美しい」と思うものには、神が宿っていると考えています。

朝露、七色の虹、野鳥の鳴き声、波打ち際に光る砂、真っ赤に染まる紅葉、富士にかかる雪……。

同じように、美しい文字にも、神は宿ります。

この本を使って、龍の文字に、神を宿しましょう。

そこで、本書には、美しく仕上げるための書き順を掲載しました。

2016年に出版した『なぞる本「神代文字練習帳」』（ヒカルランド）では、龍体文字についても「古い文字なので、書き順に決まりはありません」と書きました。

ところが、それでも、「どういう順で書いていいかわからない」と質問を受けることが非常に多く、海外でも、神代文字を教えている時、日本の習字を習っているというチェコ人男性からも聞かれました。

書き順は、自分ですらすら書きやすいように筆を進めるのが一番ですが、本書では、片野貴夫が毎日書いている順番を公開することにしました。

まさに片野流ではありますが、これは、美しい文字に仕上がる書き順です。

すなわち、文字に、神が宿り、パワーが宿る書き順です。

品格を高め、美しく仕上げたい人は、何度も真似してみてください。

（片野貴夫）

本書のからくり

本書は、前半が龍体文字、後半が龍踊文字で、1文字に1ページで構成しています。まずは、「片野流パワーが宿る書き順」にしたがって、なぞって練習します。くり返し書いてみます。仕上げに、古代日本の祝詞《のりと》である「ひふみ祝詞」「あわ歌《うた》」と、「ふとまに」をなぞって完成させましょう。半紙などに書写するのもいいでしょう。

●文字の並び順

多くの神代文字は、52文字で構成されています。現代の五十音（46文字）の他に、【や行】にも「ゐ」と「ゑ」があり、【わ行】にも「い」「う」「え」があって、「ん」も2つ存在します（138ページも参照）。「ひふみ祝詞」だけを書いていると「ん」を覚えられませんし、「ふとまに」には、わ行の「い」「う」「え」と2つ目の「ん」がありません。これでは、不完全です。

本書は、「あかはなまたらさやわ」を縦軸に置き、「あいうえおかきくけこはひふへほなにぬねの……」という順に、ページを配置しました。この並びにすると、覚えやすいうえ、すべての文字を漏らすことがありません。龍体文字については、『なぞる本「神代文字練習帳」』にも載せていますが、本書では、そういった文字も含めて、初めて完全網羅しました。

	あ段	い段	う段	え段	お段
あ行	あ	い	う	え	お
か行	か	き	く	け	こ
は行	は	ひ	ふ	へ	ほ
な行	な	に	ぬ	ね	の
ま行	ま	み	む	め	も
た行	た	ち	つ	て	と
ら行	ら	り	る	れ	ろ
さ行	さ	し	す	せ	そ
や行	や	ゐ	ゆ	ゑ	よ
わ行	わ	い	う	え	を
ん行			ん	ん	

●筆や筆ペンで

龍体文字と龍踊文字は、筆を上下に動かしながら、文字の太さの強弱をつけていきますので、脳の基底核のバランス神経を多用します。基底核という場所には、人間の超能力が隠れていますから、書けば書くほど、バランス能力が磨かれると同時に、予知能力や第六感も鍛えられるでしょう。

筆を上下させて書くこの2種類の文字は、筆や筆ペンが適しています。筆ペンでしたら、サインペンタイプよりも、毛筆タイプのものがおすすめ。また、本書では、左から右に練習していくようにしていきます。こうすると、手も、紙も汚れません。

●ひふみ祝詞・あわ歌・ふとまに

古代文献に残っている「ひふみ祝詞」「あわ歌」「ふとまに」は、日本古来の定型リズムによって構成されている大切な文字の配列です。日本の古代文字は、日本古来の祝詞にのせるのが理にかなっており、日本の神様から祝福を受けるでしょう。

〈ひふみ祝詞〉

ひふみ
よいむなや
こともちろらね
しきる
ゆゐつわぬ
そをたはくめか
うおゑ
にさりへて
のますあせえほれけ

「ひふみ祝詞」は、日本に古くから伝えられている音の並びで、47音から成り立ち、三五七、三五七、三五九というリズムで構成されています。起源は5500年前のカタカムナにさかのぼります。石上神宮《いそのかみじんぐう》（奈良県）の十種《とくさ》の神宝《かんだから》に関連する『先代旧事本紀《せんだいくじほんぎ》』や、江戸時代に異境を行き来した島田幸安《しまだこうあん》のエピソードにも重要な祝詞として登場します。

〈あわ歌〉

あかはなま
いきひにみうく
ふぬむえけ
へねめおこほの
もとろそよ
をてれせゑつる
すゆんちり
しゐたらさやわ

「あわ歌」は、３３００年前の古文献『ホツマツタヱ』に出てくる祝詞。全48文字は一音も重複せずに、五七のリズムで展開しています。あわ歌を声に出すと、体の中にある「五《い》クラ六《む》ワタ」を整え、24の気の流れがよくなる、と、『ホツマツタヱ』にあり、ここに出てくる「スミヱの翁」は、あわ歌を歌って病気をしなかったと書かれています。

〈ふとまに〉

ホツマ文献のひとつ『フトマニ』は、序文、フトマニ図、本文（128首の和歌）から成り立っています。フトマニ図は、48音で構成。128首の和歌の出だしの文字が組み込まれていて、和歌全体を唱えることによって、健康や容貌を整えると序文で説明されています。同時に、フトマニ図自体が、形霊《かただま》として宇宙エネルギーを集める装置となっています。

なお、片野貴夫は治療家として、フトマニ図の中心の二重丸のある部分を脳下垂体《のうかすいたい》、左右のうずを宇宙から飛来するエネルギーと見立て、定説のフトマニ図から「左へ90度回して」解釈しています。

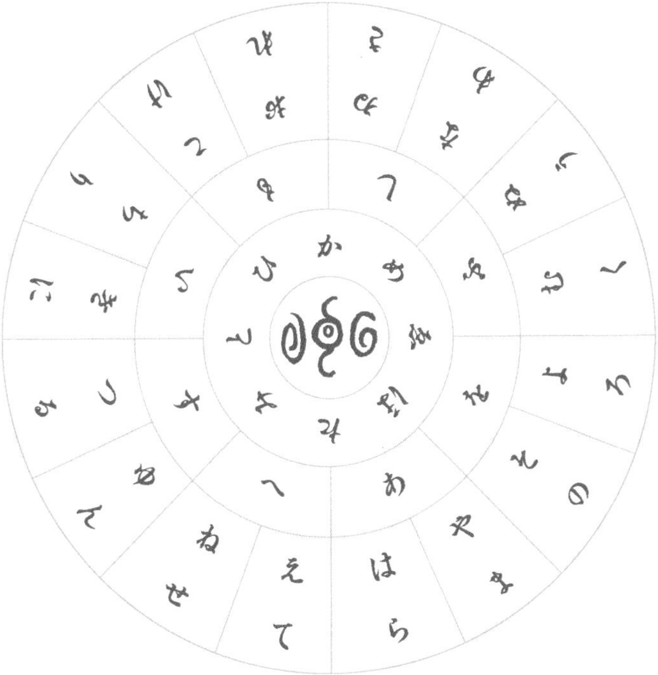

【巻末にフトマニ特別付録！】

本書最終巻末に特別付録としまして、黄金色に輝く「龍体文字フトマニ」と「龍踊文字フトマニ」の護符をご用意しました。《神のパワーを宿す》書き順で降ろされた片野氏の筆によるものです。切り取り線に従って取り出し携帯すれば、お守りにもなるでしょう。ぜひご活用ください。

目次

第2章 龍踊文字

第3章 神代文字と龍

増補版新章 ヨモツモモノキ文字（天照大神）

護符 最終巻末

龍体文字

第1章

龍体文字は、上古第12代・宇《ウ》摩《マ》志《シ》阿《ア》斯《シ》訶《カ》備《ビ》比《ヒ》古《コ》遅《ジ》の神によって作られました。片野貴夫がオーリングテストで調べたところ、５５００年前だったと推定しました。

アルファベットや数字のような形が、文字のそこかしこに隠れています。平べったい文字なので、フトマニ図の中に当てはめてみたら、余白なくピッタリおさまりました。

何度も書いているとわかりますが、いくつかのパターンに分類できます。覚えやすいように初めに覚え方のヒントとして、似た部分のある文字をそれぞれ集めてみました。

〈龍体文字・覚え方のヒント〉

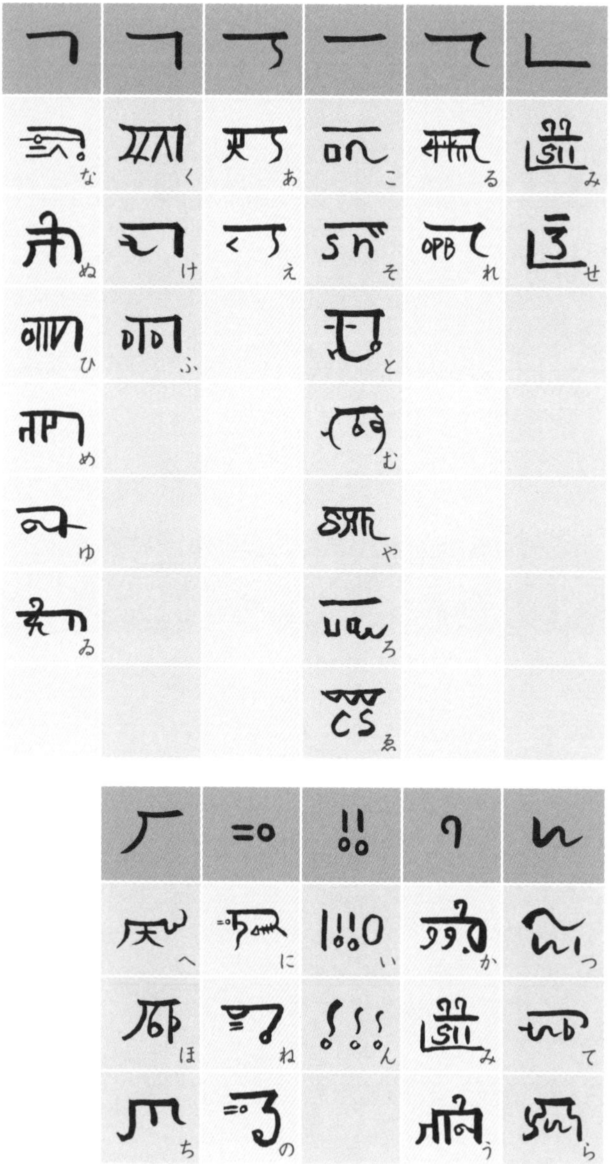

〈全52文字一覧〉

あ か は な ま た ら さ や わ
い き ひ に み ち り し ゐ い
う く ふ ぬ む つ る す ゆ う ん
え け へ ね め て れ せ ゑ え ん
お こ ほ の も と ろ そ よ を

龍体文字 あ

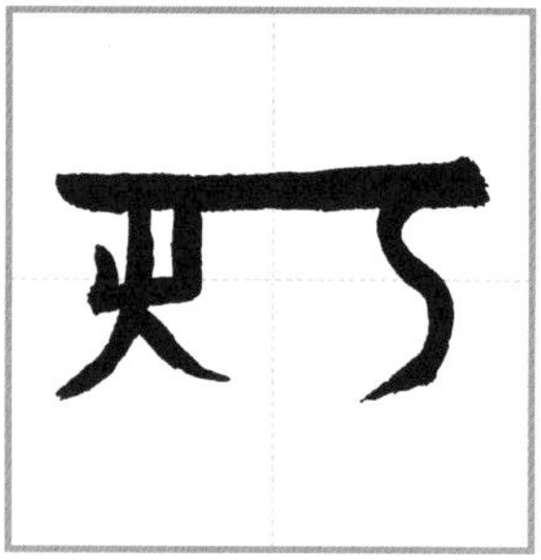

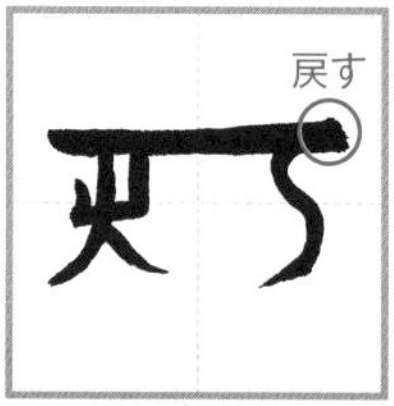

片野流
パワーが宿る書き順

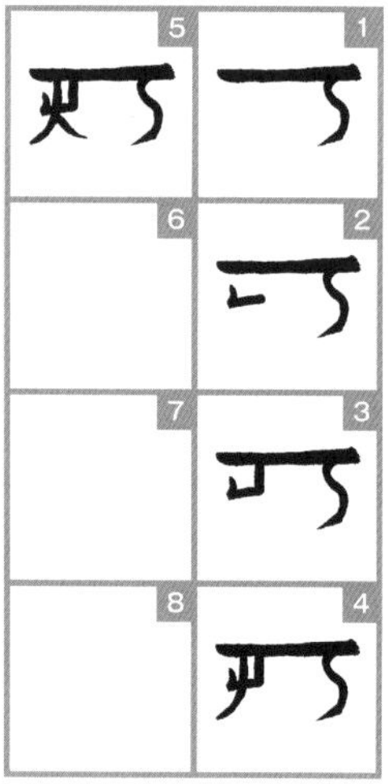

●なぞってみましょう

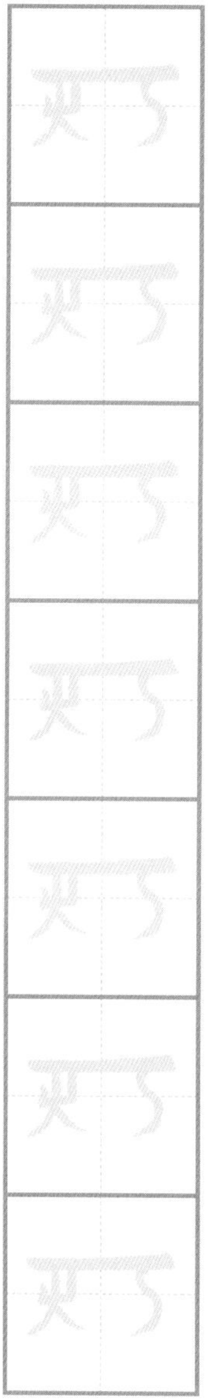

●くり返し練習しましょう

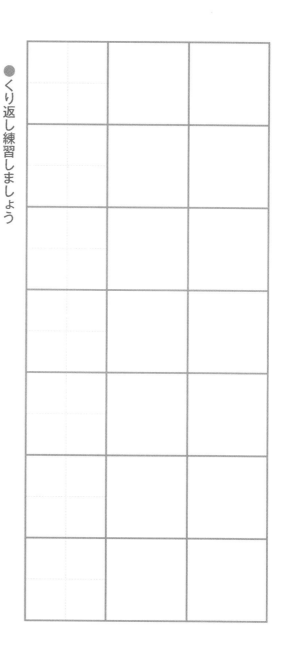

龍体文字 い

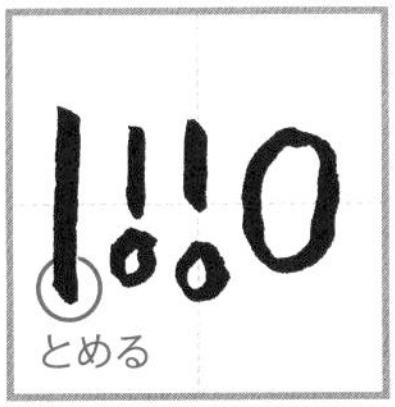

片野流
パワーが宿る書き順

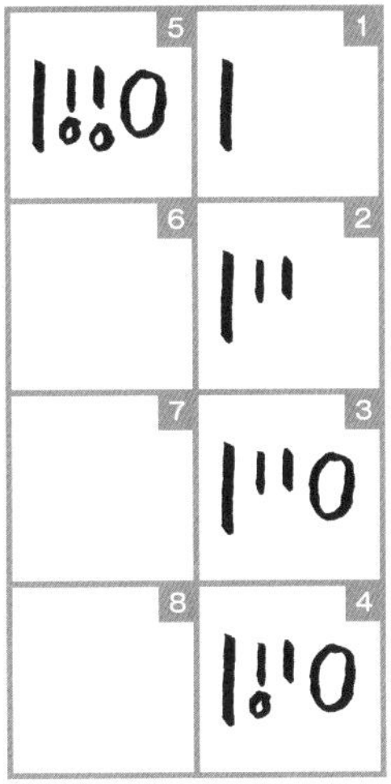

●なぞってみましょう

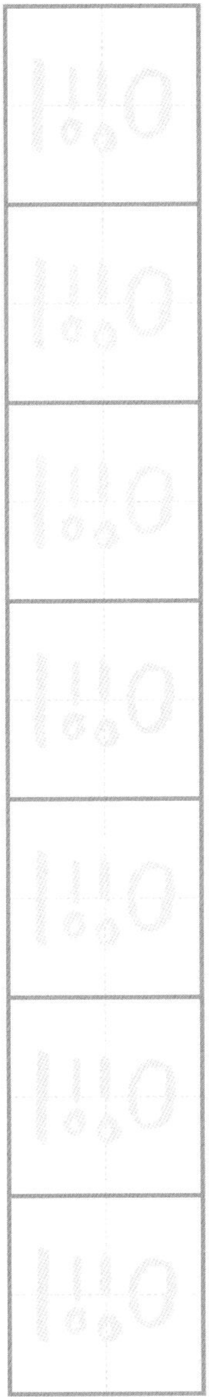

●くり返し練習しましょう

龍体文字 う

片野流
パワーが宿る書き順

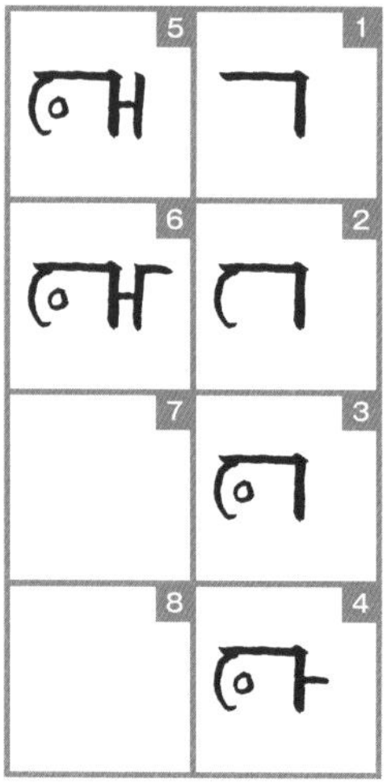

●なぞってみましょう

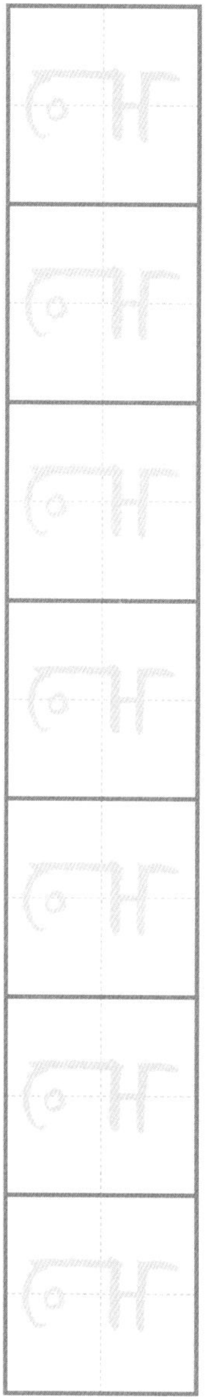

●くり返し練習しましょう

龍体文字 え

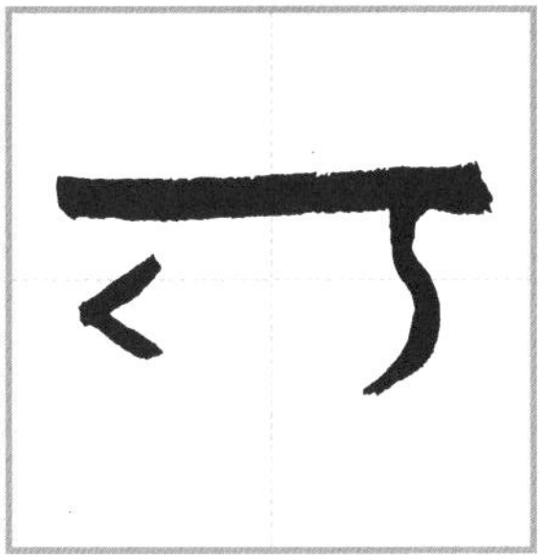

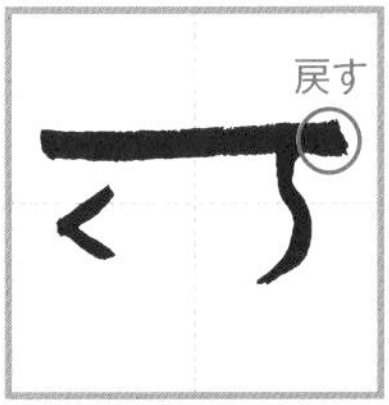

片野流
パワーが宿る書き順

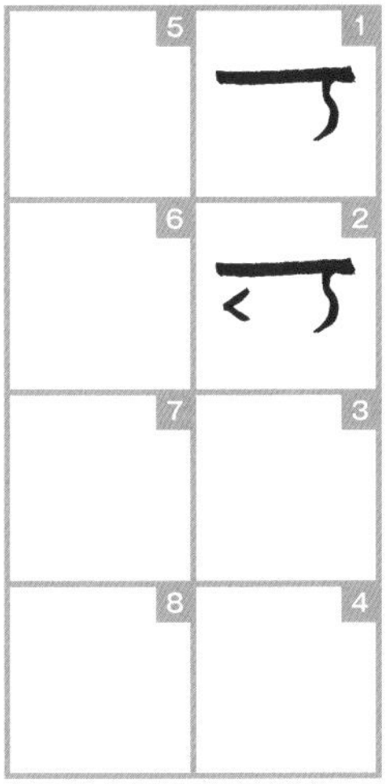

● なぞってみましょう

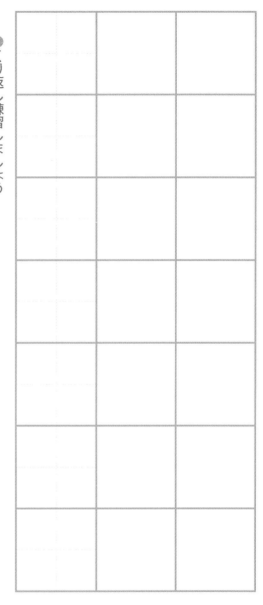

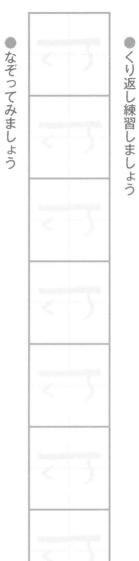

● くり返し練習しましょう

龍体文字 お

片野流
パワーが宿る書き順

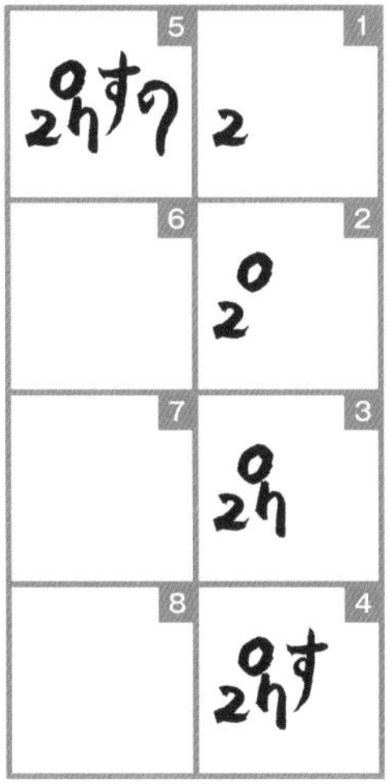

● なぞってみましょう

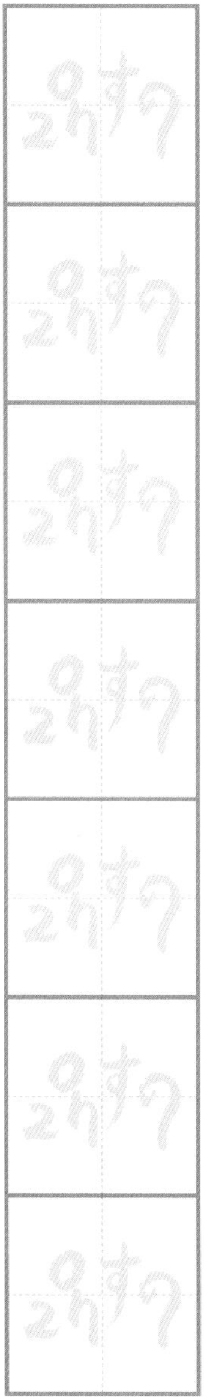

● くり返し練習しましょう

龍体文字 か

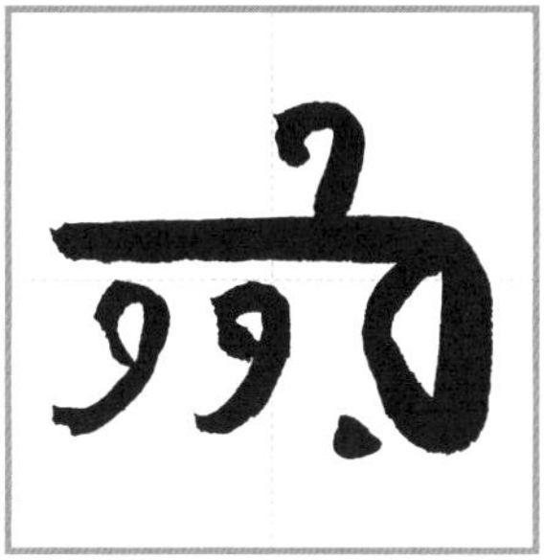

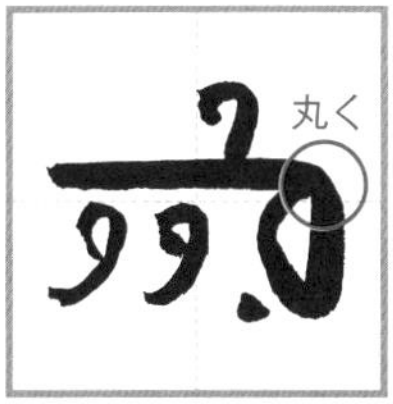

片野流
パワーが宿る書き順

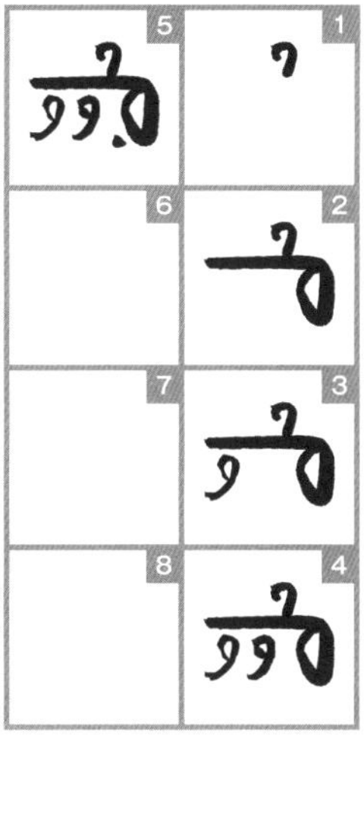

なぞってみましょう

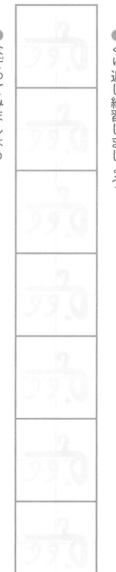

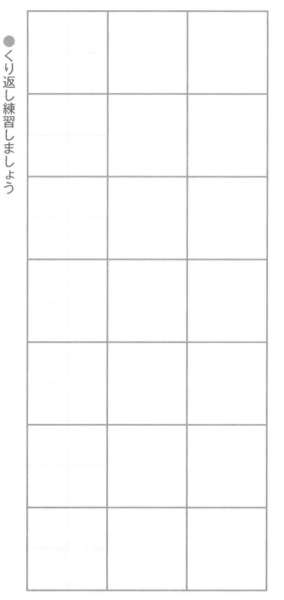

くり返し練習しましょう

龍体文字　き

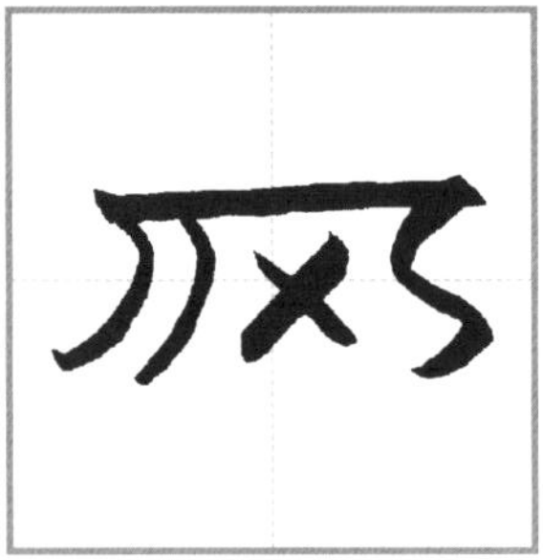

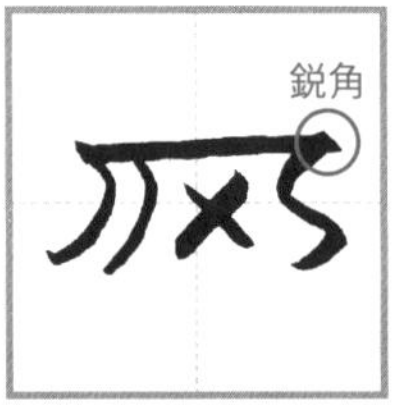

片野流
パワーが宿る書き順

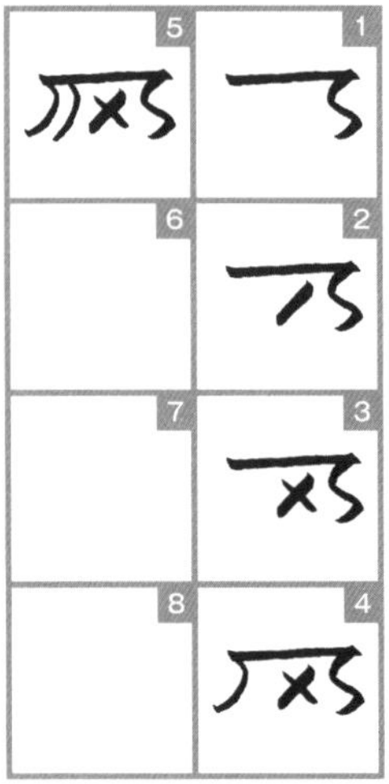

●なぞってみましょう

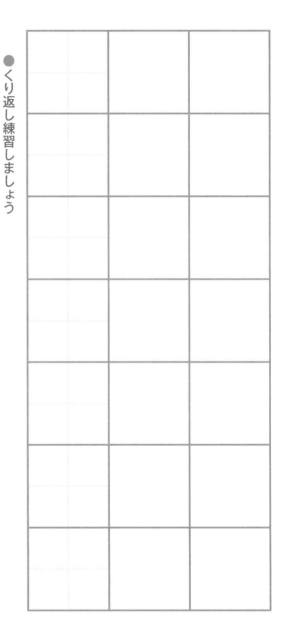

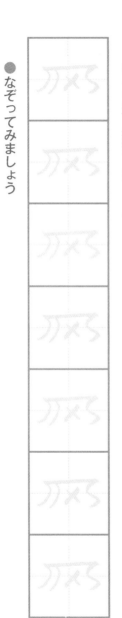

●くり返し練習しましょう

龍体文字 く

か
きくけこ

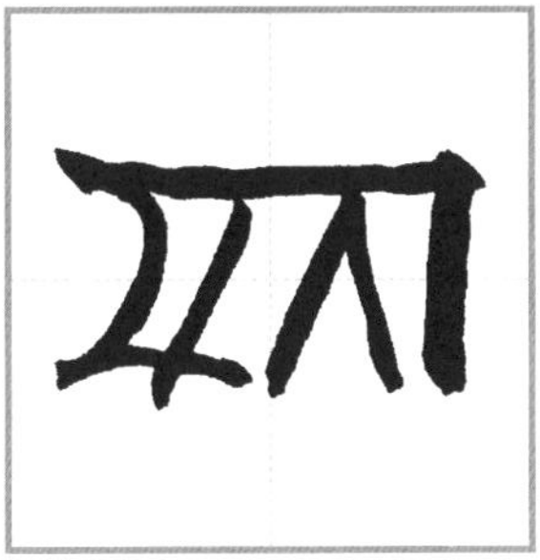

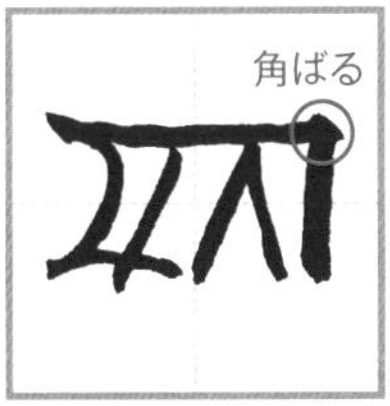

片野流 パワーが宿る書き順

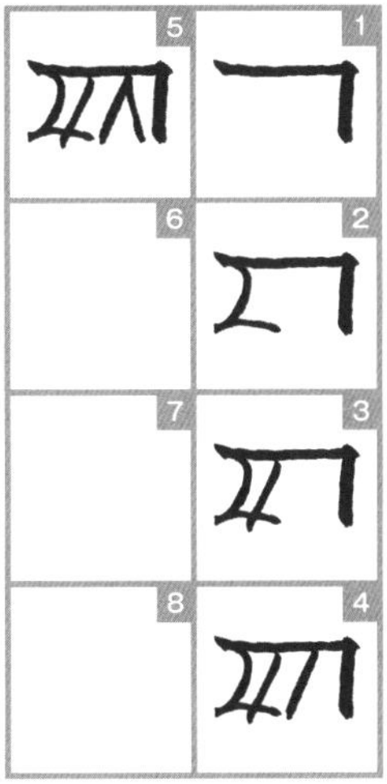

なぞってみましょう

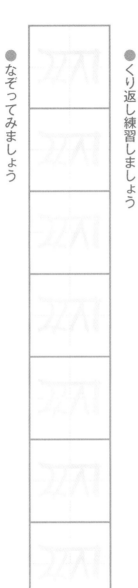

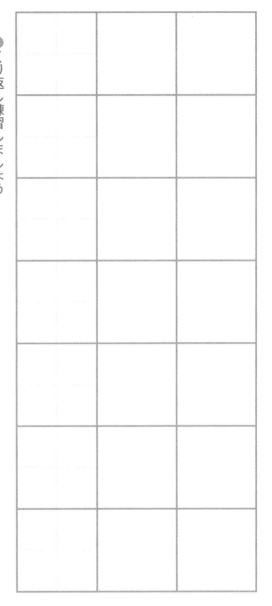

くり返し練習しましょう

龍体文字 け

片野流
パワーが宿る書き順

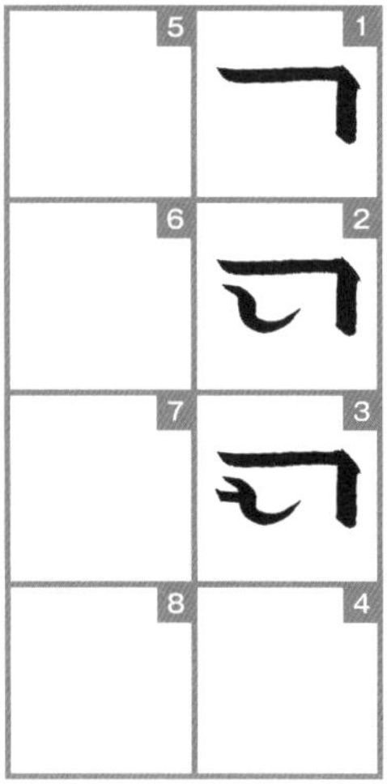

なぞってみましょう

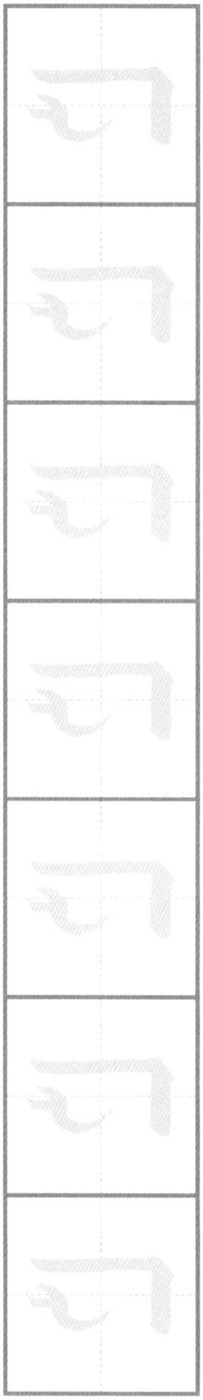

くり返し練習しましょう

龍体文字 こ

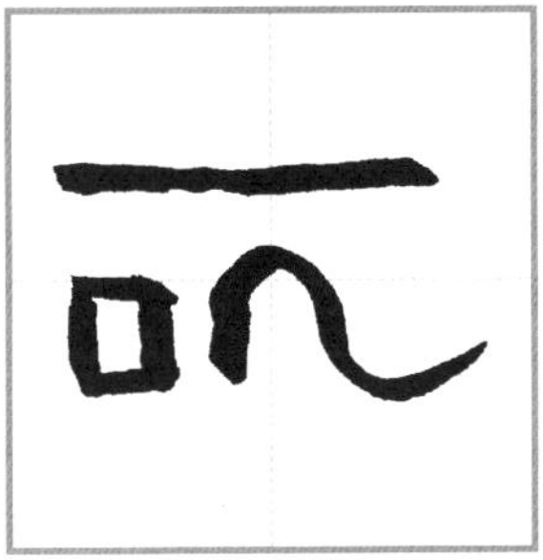

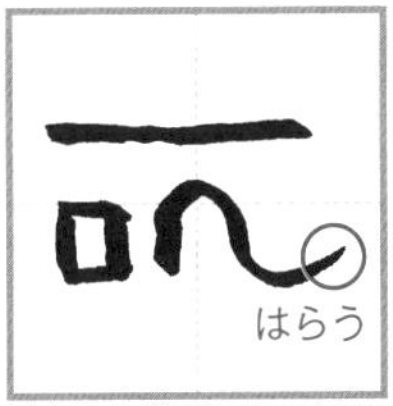

片野流
パワーが宿る書き順

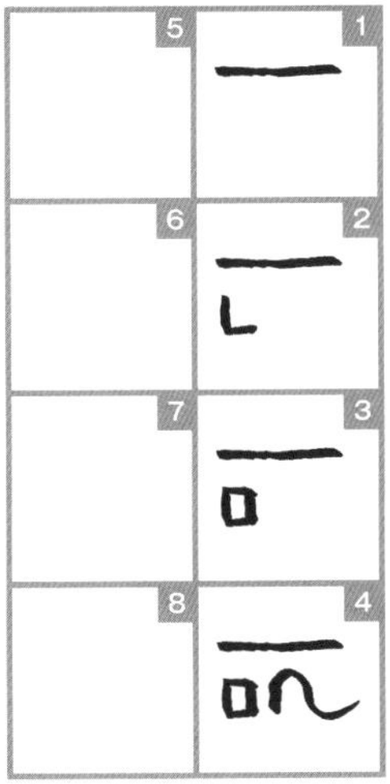

●なぞってみましょう

●くり返し練習しましょう

か
けきくこ

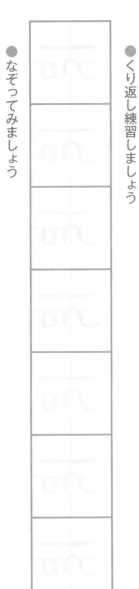

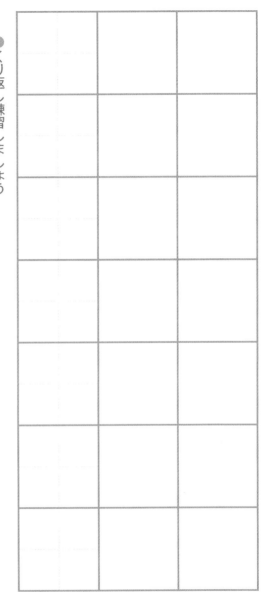

龍体文字 は

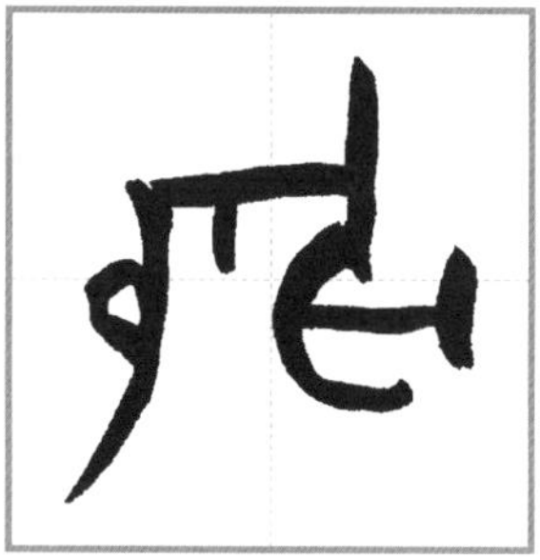

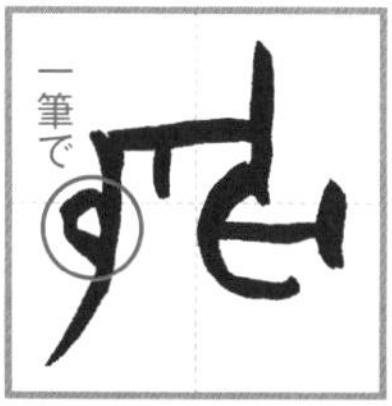

片野流
パワーが宿る書き順

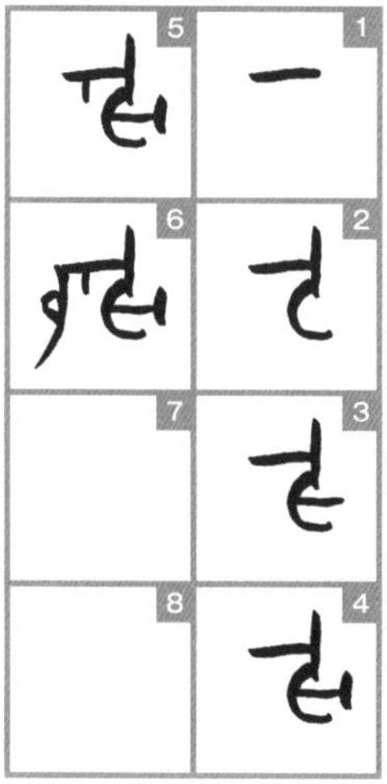

●なぞってみましょう

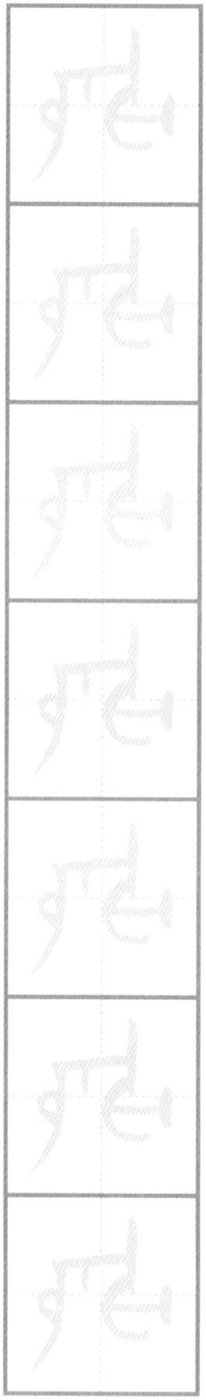

●くり返し練習しましょう

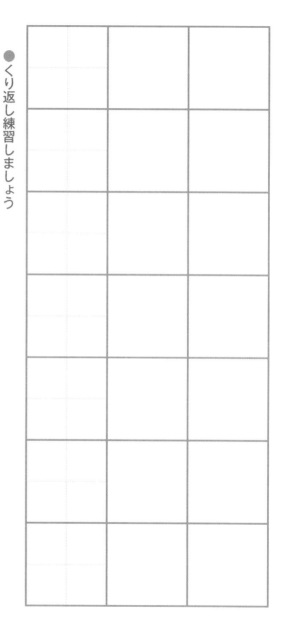

龍体文字 ひ

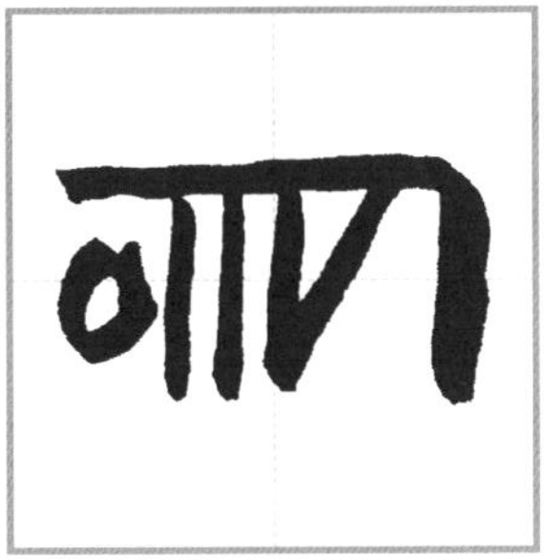

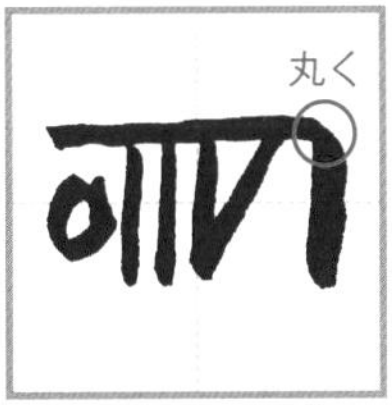

片野流 パワーが宿る書き順

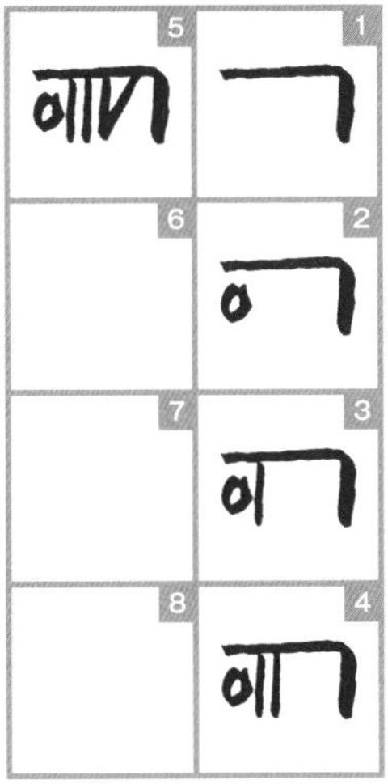

●なぞってみましょう

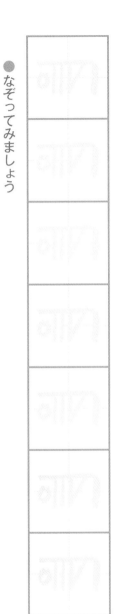

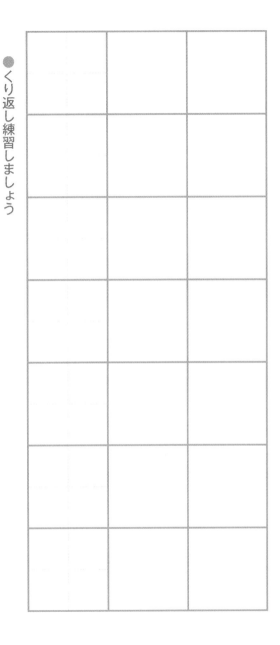

●くり返し練習しましょう

龍体文字 ふ

片野流
パワーが宿る書き順

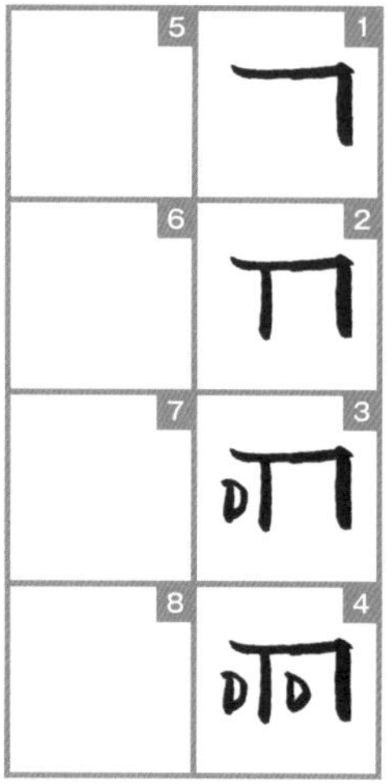

●なぞってみましょう

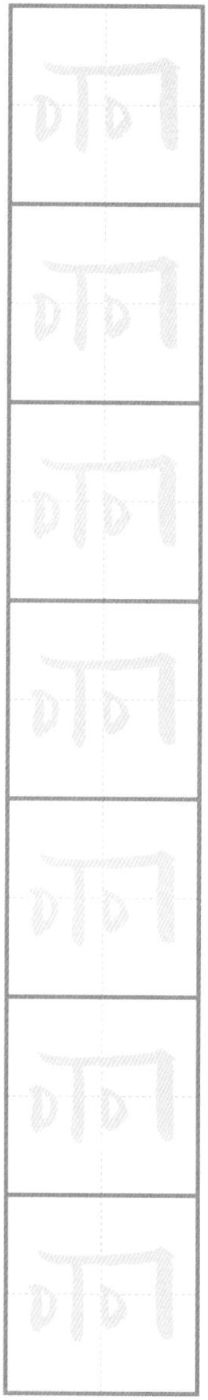

●くり返し練習しましょう

龍体文字 へ

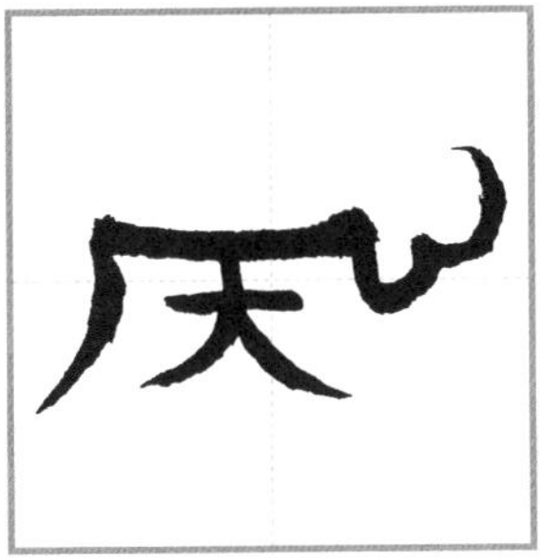

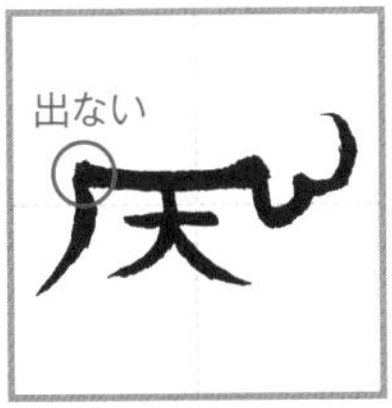

片野流 パワーが宿る書き順

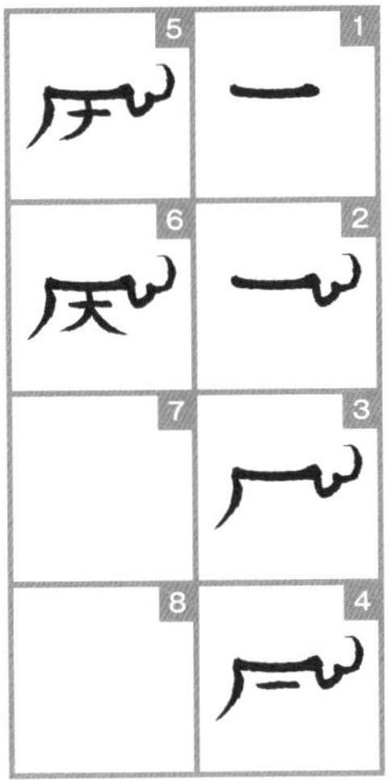

● なぞってみましょう

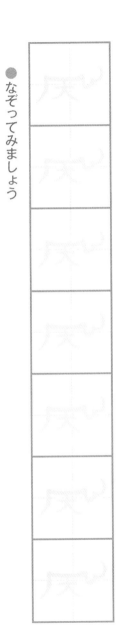

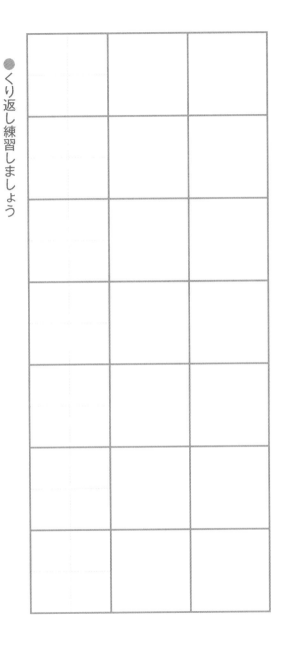

● くり返し練習しましょう

龍体文字 ほ

片野流
パワーが宿る書き順

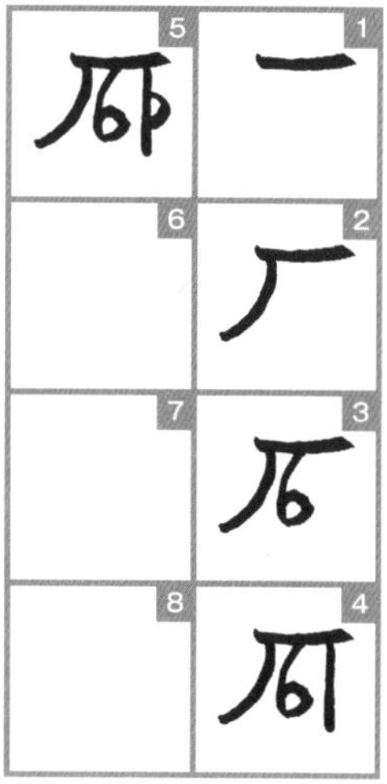

●なぞってみましょう

●くり返し練習しましょう

龍体文字 な

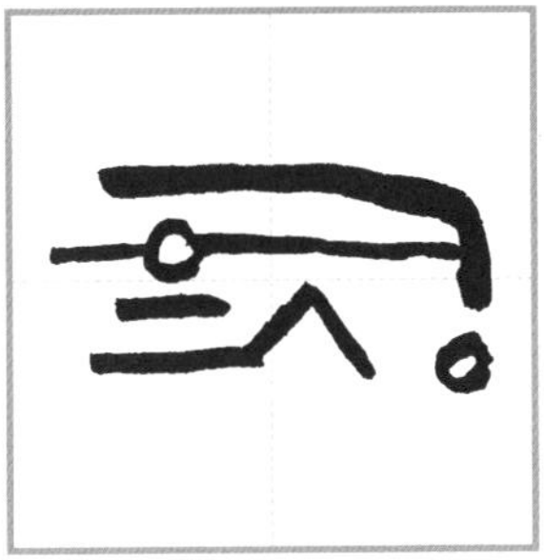

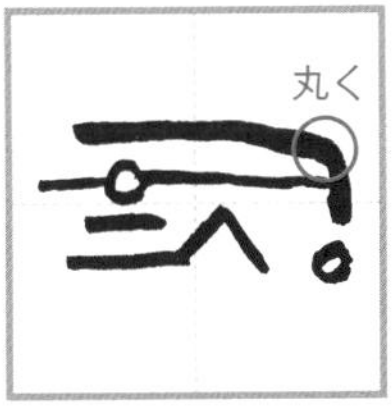

**片野流
パワーが宿る書き順**

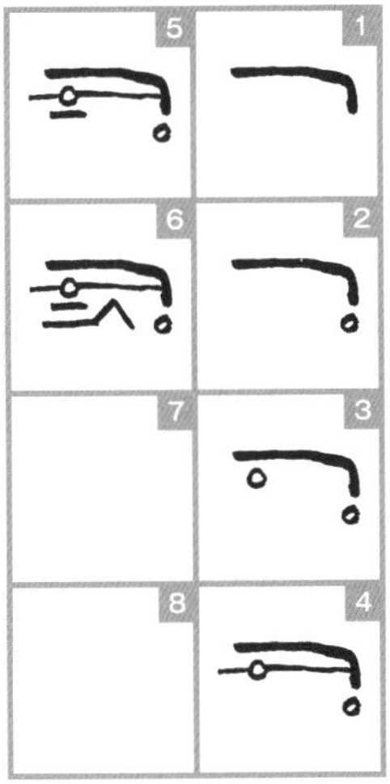

なぞってみましょう

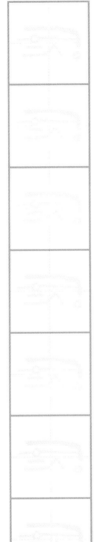

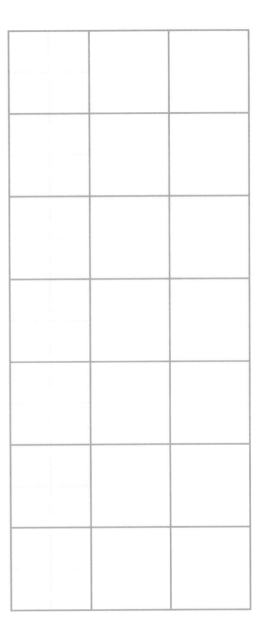

くり返し練習しましょう

龍体文字 に

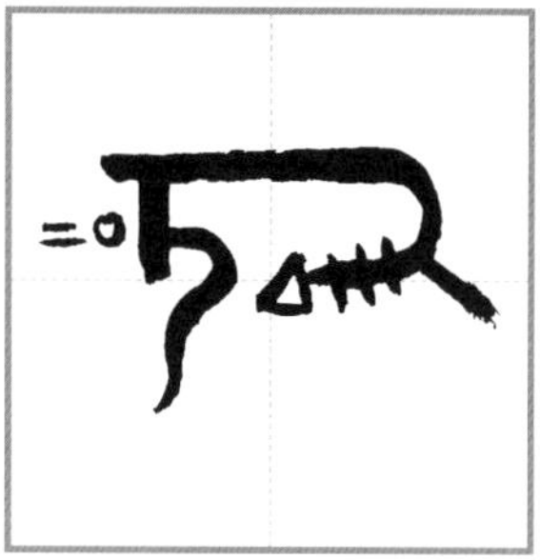

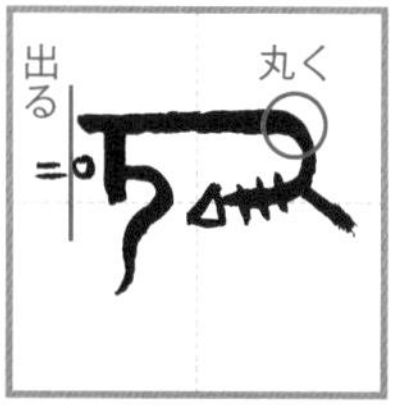

片野流
パワーが宿る書き順

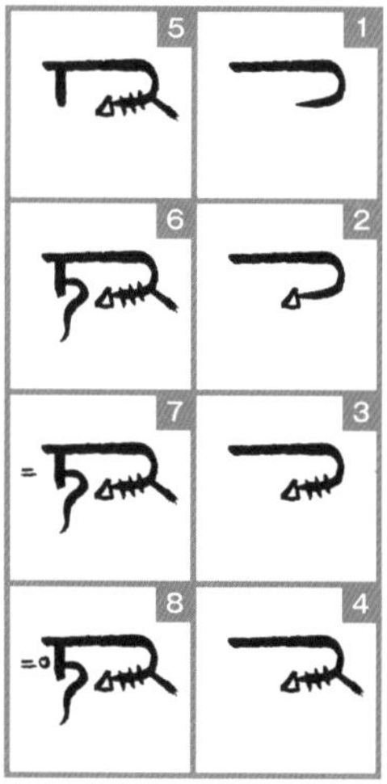

なぞってみましょう

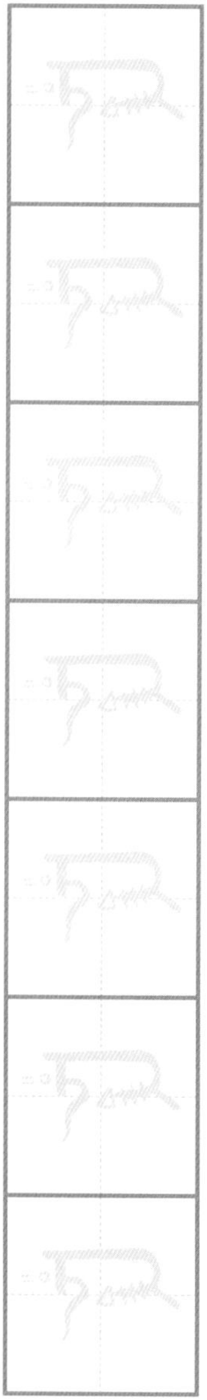

くり返し練習しましょう

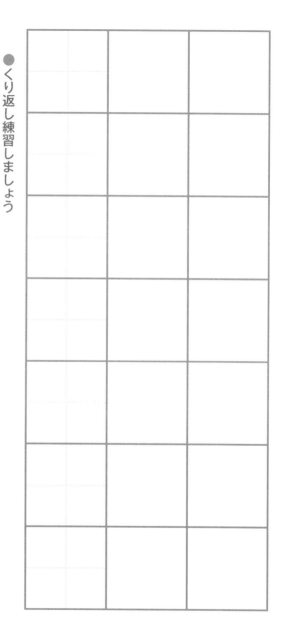

龍体文字 ぬ

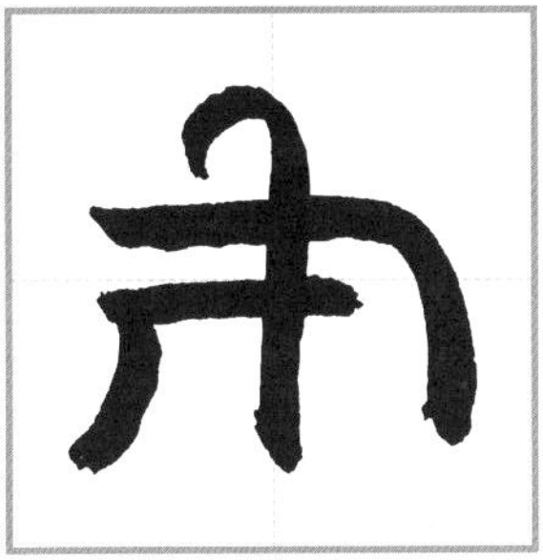

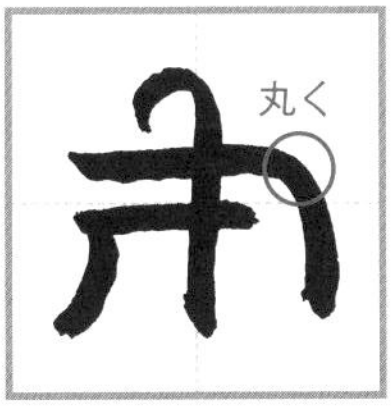

**片野流
パワーが宿る書き順**

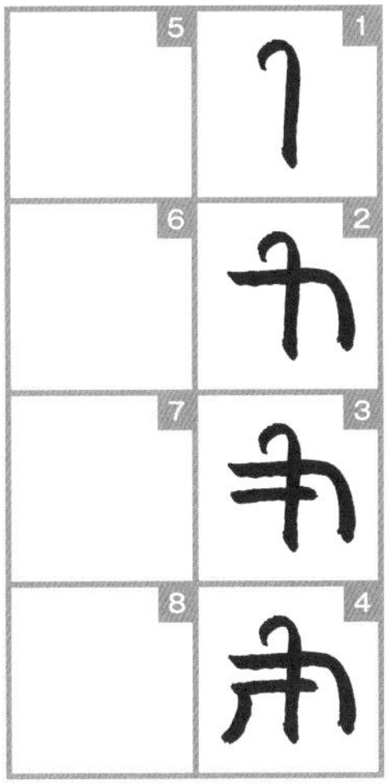

なぞってみましょう

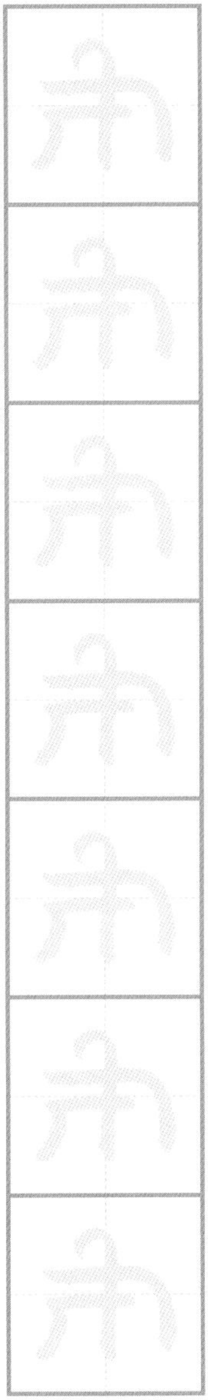

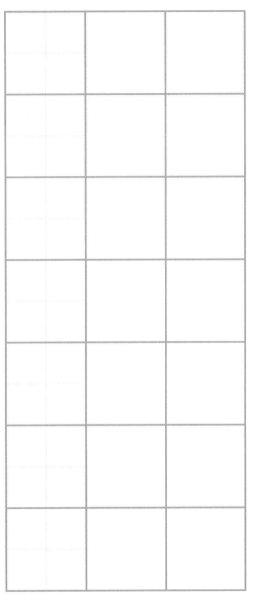

くり返し練習しましょう

龍体文字 ね

片野流
パワーが宿る書き順

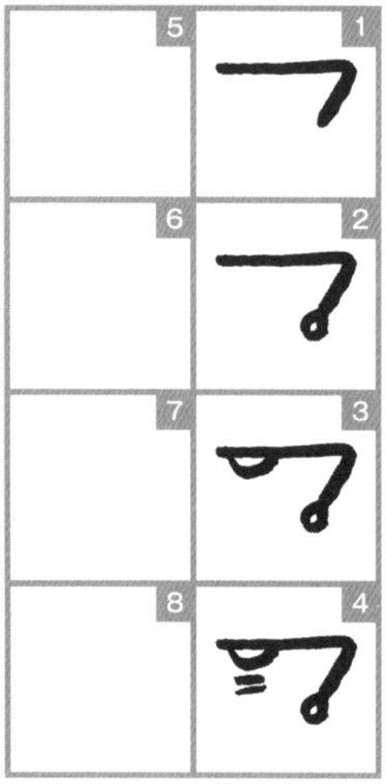

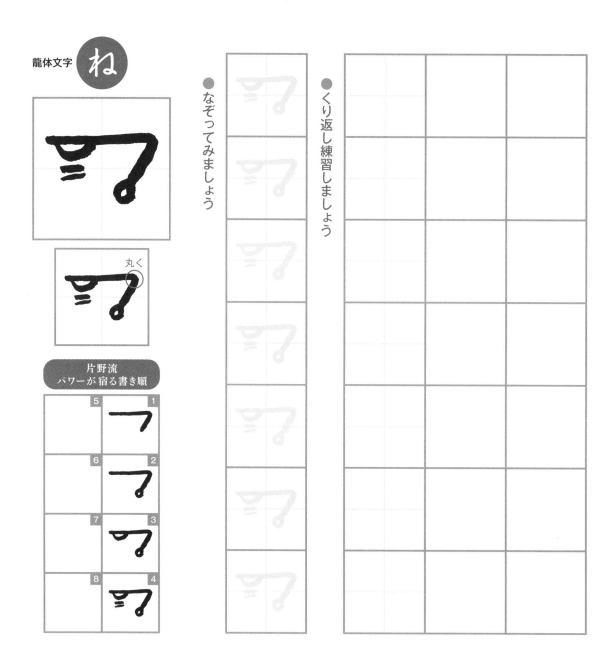

●なぞってみましょう

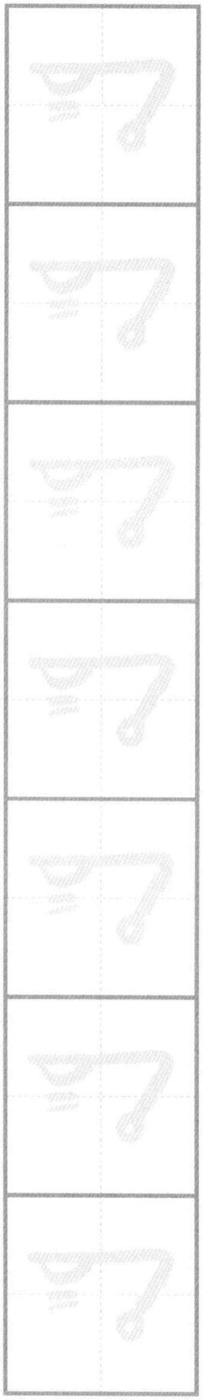

●くり返し練習しましょう

龍体文字 の

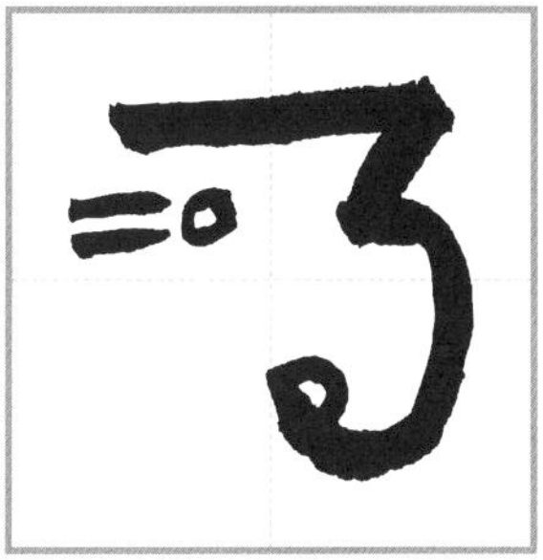

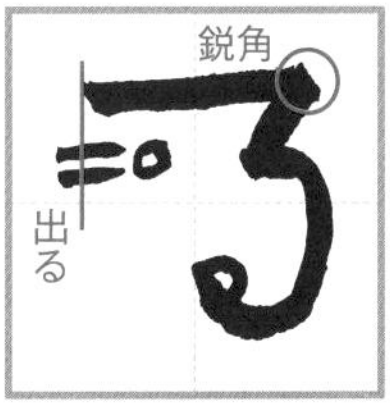

片野流
パワーが宿る書き順

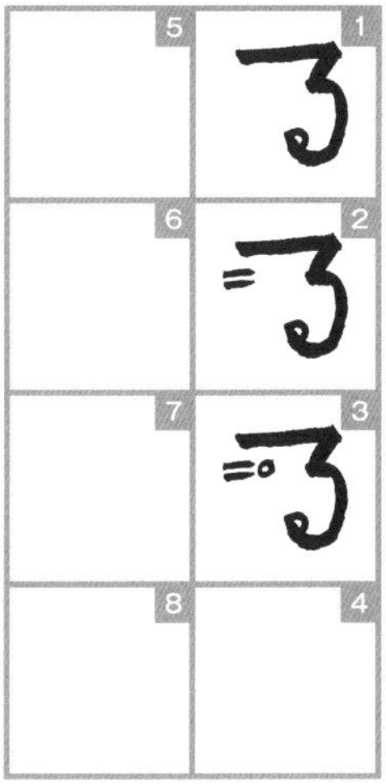

●なぞってみましょう

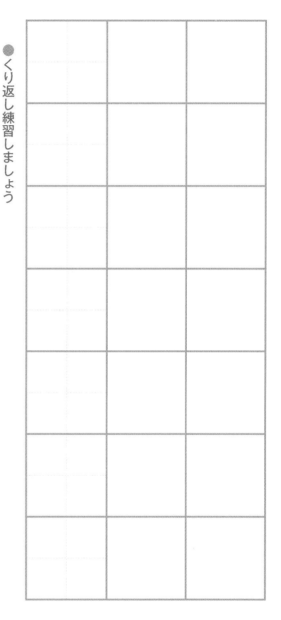

●くり返し練習しましょう

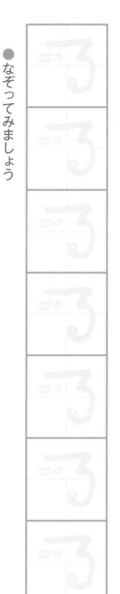

龍体文字 ま

片野流
パワーが宿る書き順

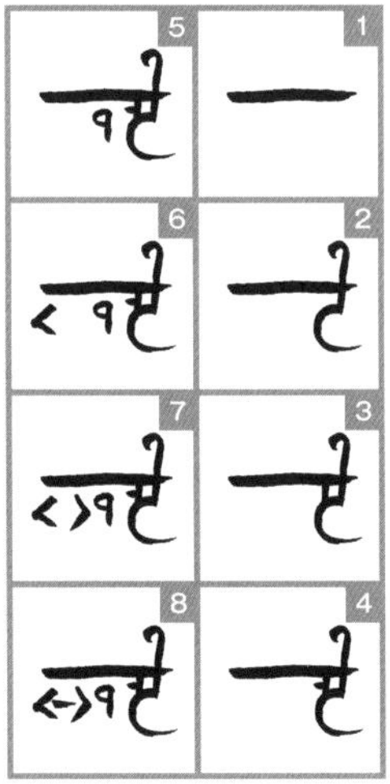

なぞってみましょう

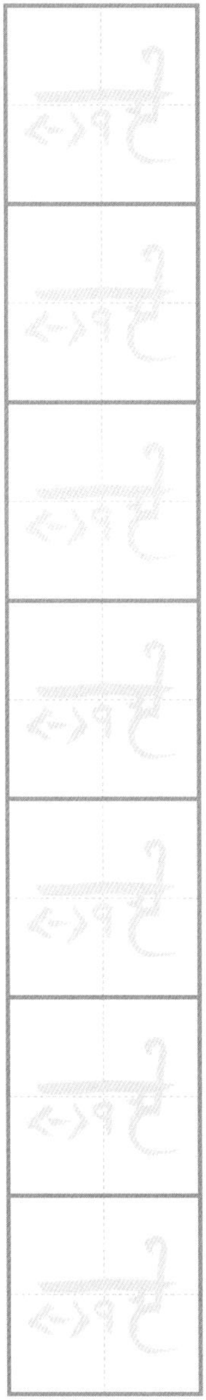

くり返し練習しましょう

龍体文字 み

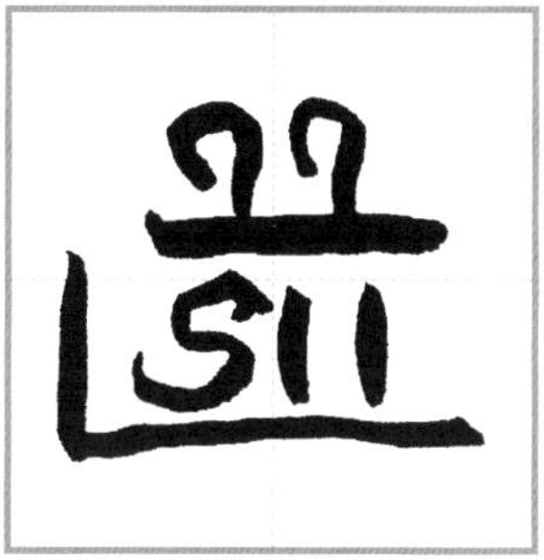

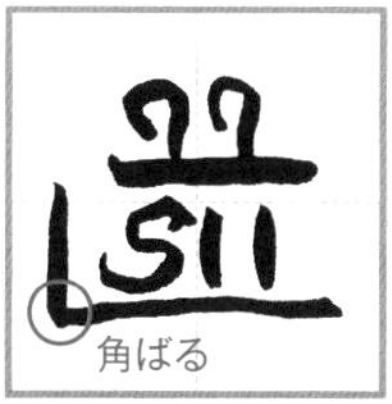

片野流 パワーが宿る書き順

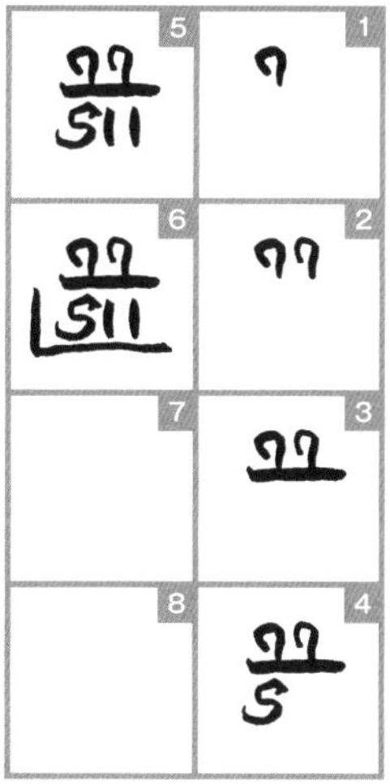

●なぞってみましょう

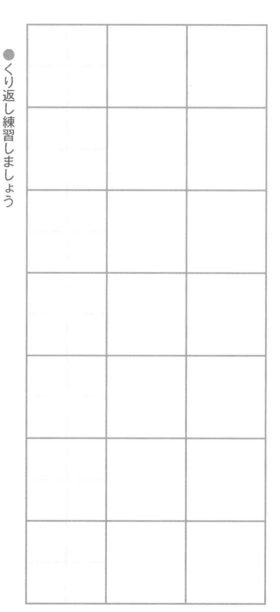

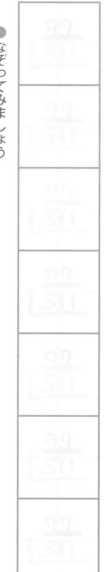

●くり返し練習しましょう

龍体文字 む

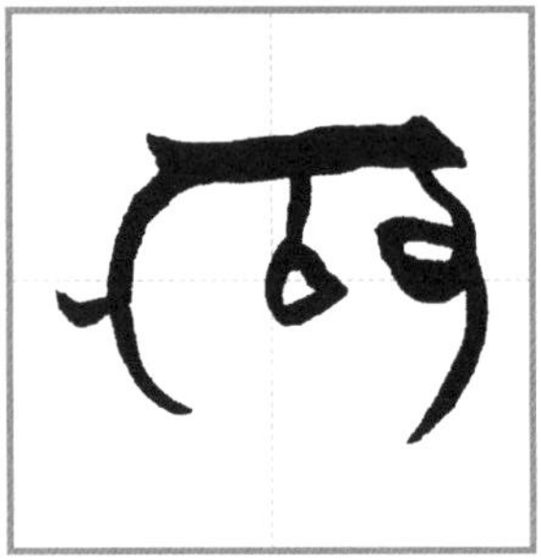

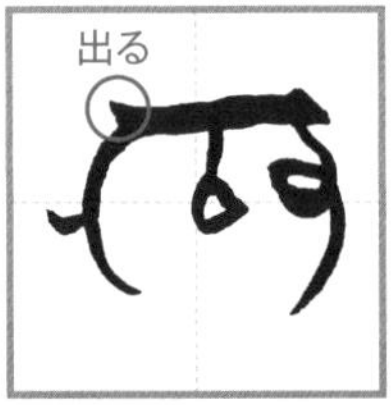

片野流 パワーが宿る書き順

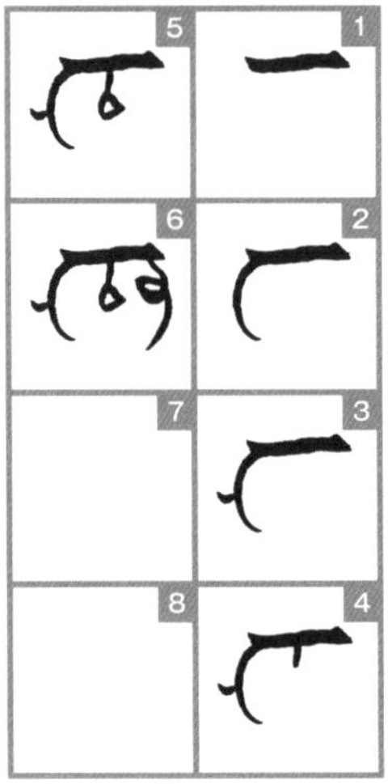

●なぞってみましょう

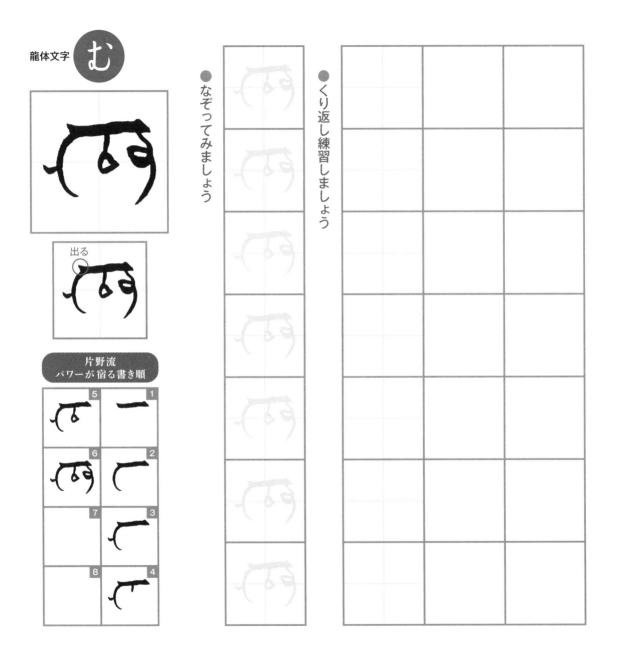

●くり返し練習しましょう

龍体文字 め

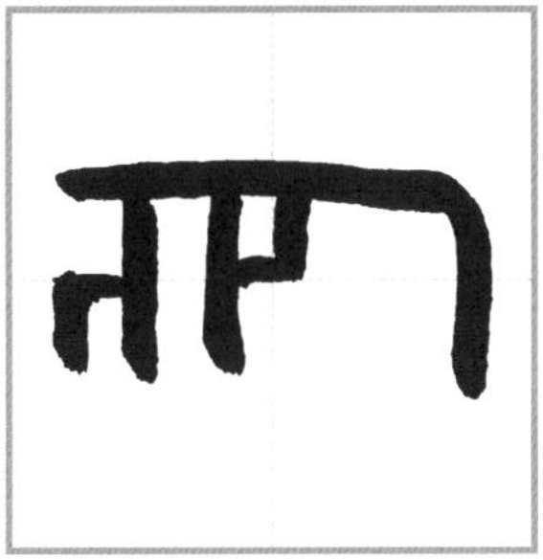

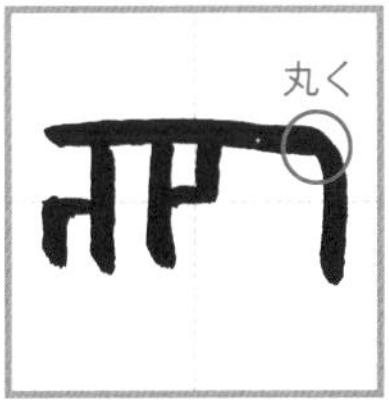

片野流
パワーが宿る書き順

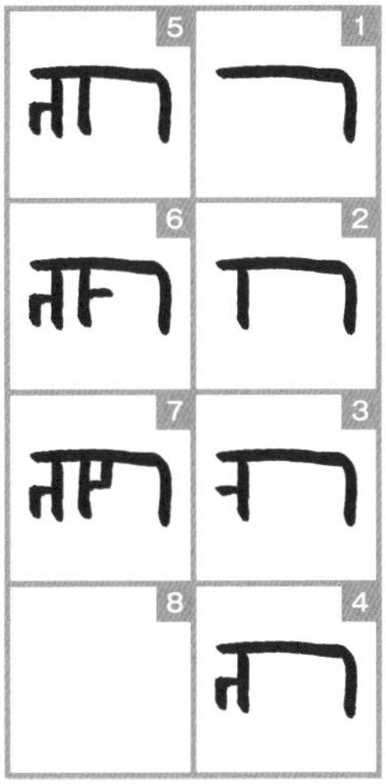

●なぞってみましょう

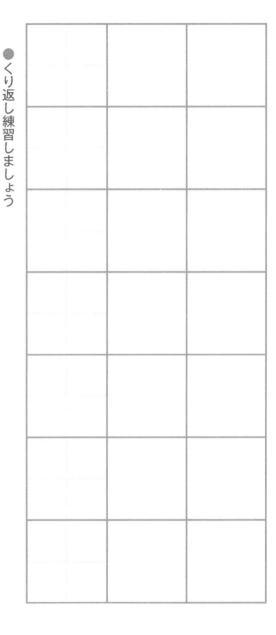

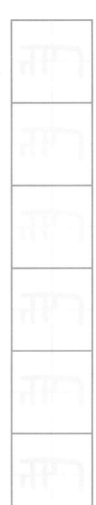

●くり返し練習しましょう

ま
み
む
め
も

龍体文字 も

片野流
パワーが宿る書き順

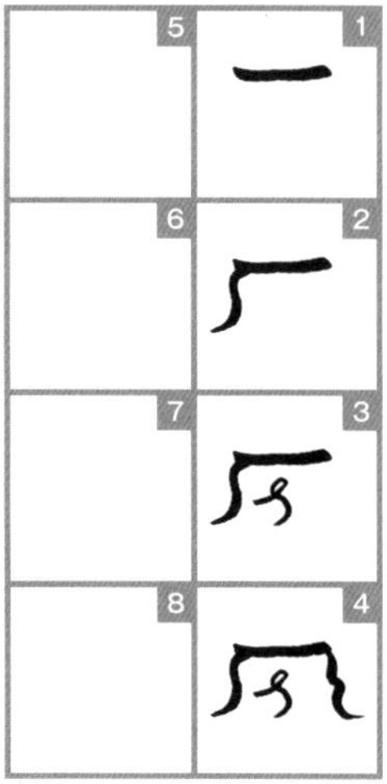

●なぞってみましょう

●くり返し練習しましょう

龍体文字 た

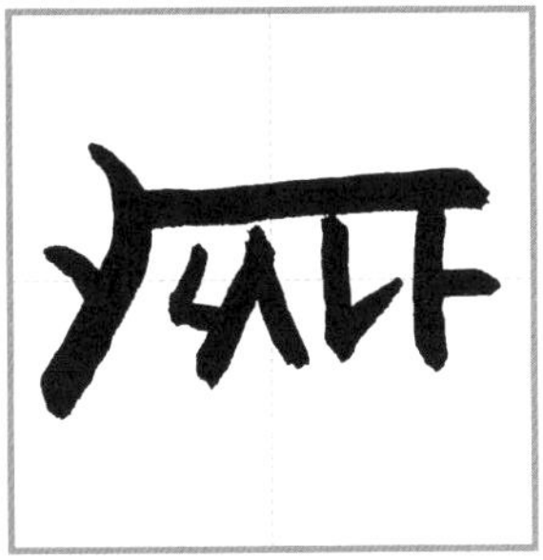

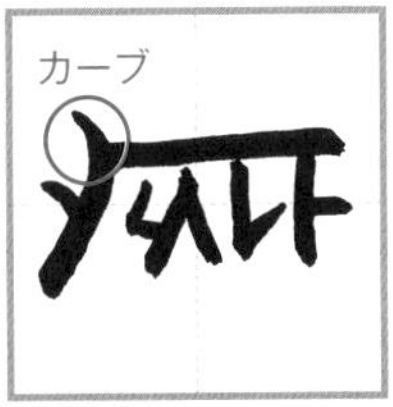

片野流
パワーが宿る書き順

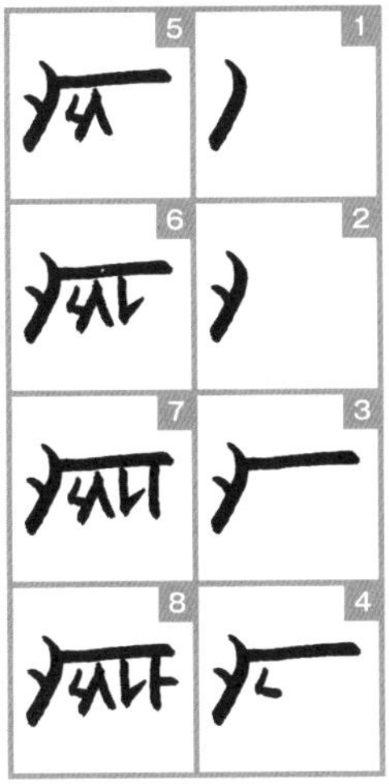

●なぞってみましょう

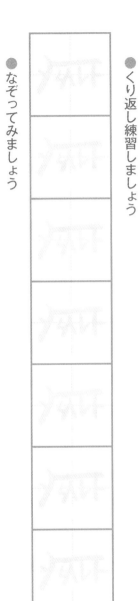

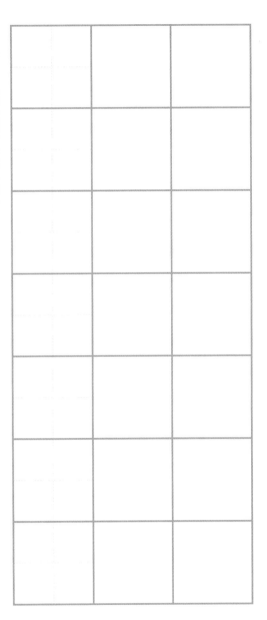

●くり返し練習しましょう

龍体文字 ち

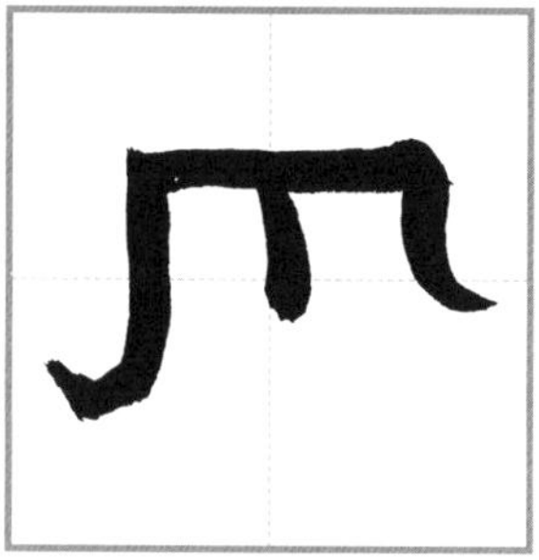

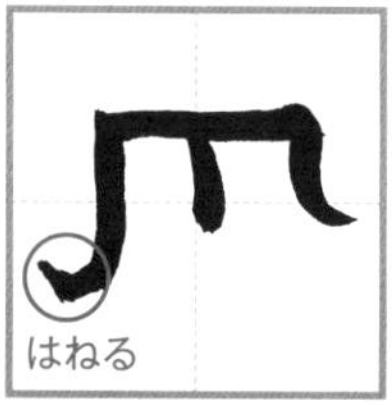

片野流
パワーが宿る書き順

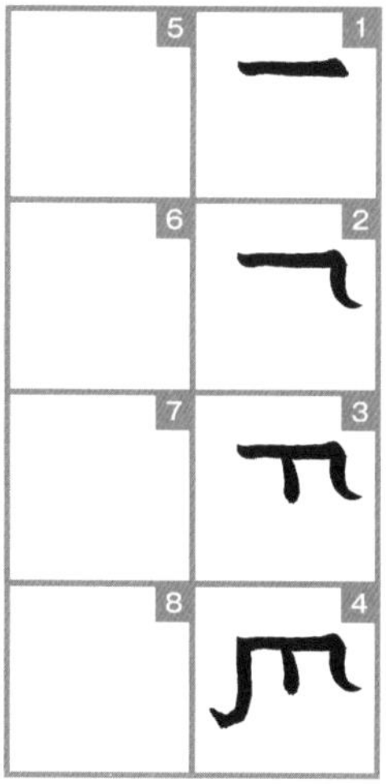

●なぞってみましょう

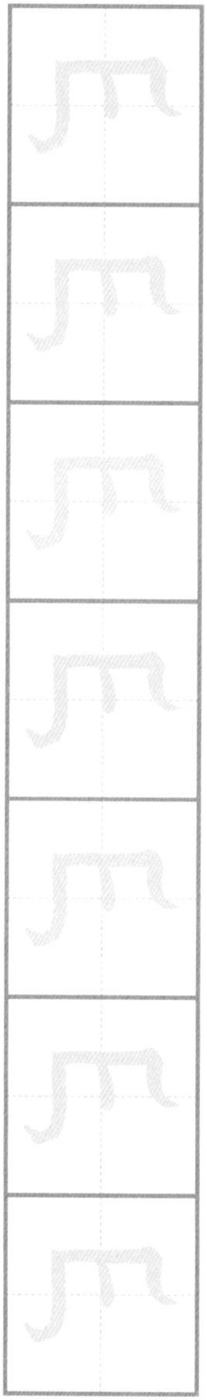

●くり返し練習しましょう

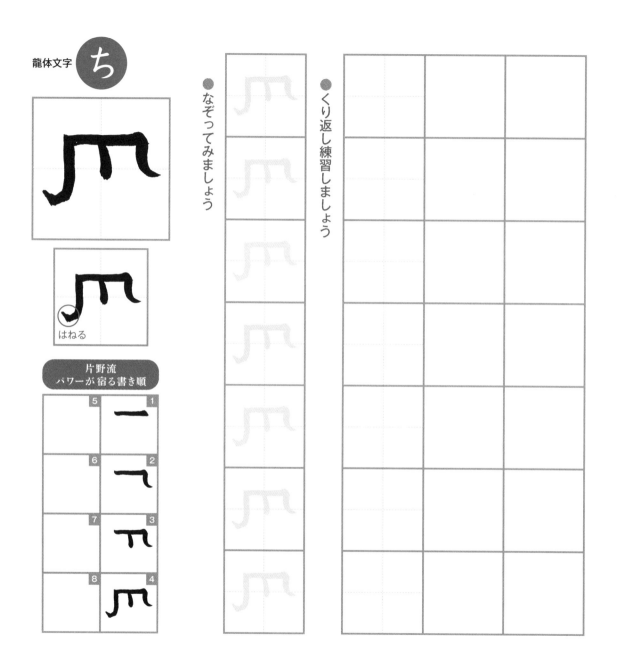

龍体文字 つ

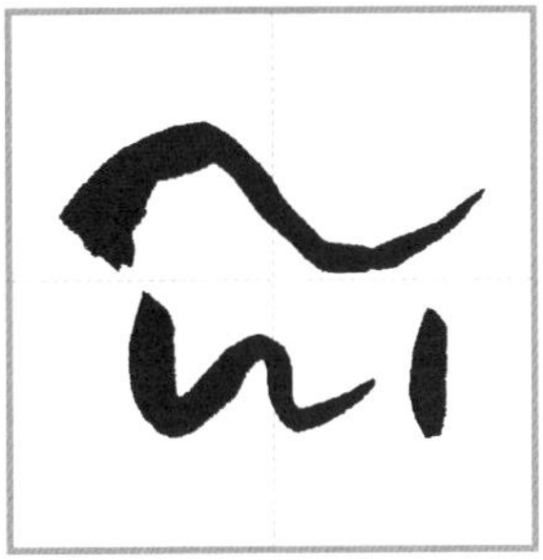

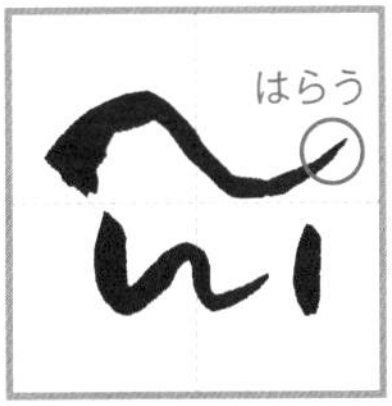

片野流
パワーが宿る書き順

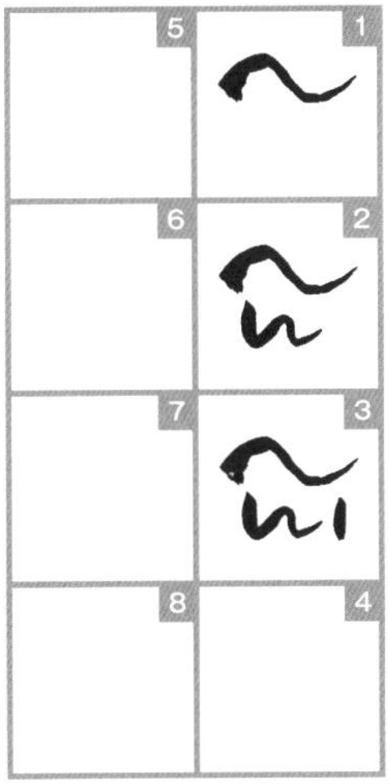

●なぞってみましょう

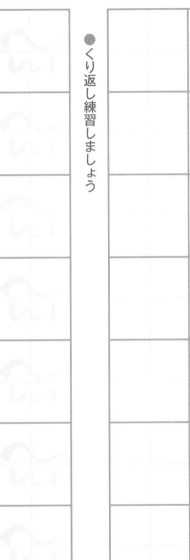

●くり返し練習しましょう

龍体文字 て

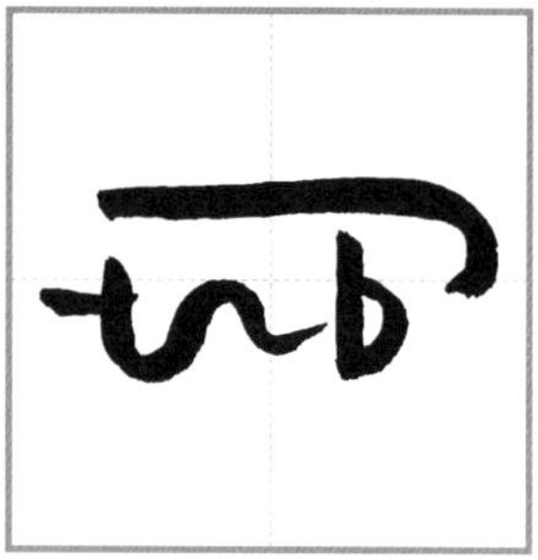

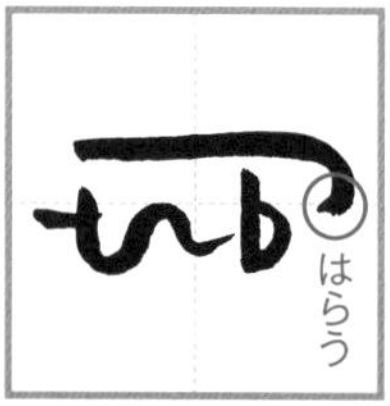

片野流
パワーが宿る書き順

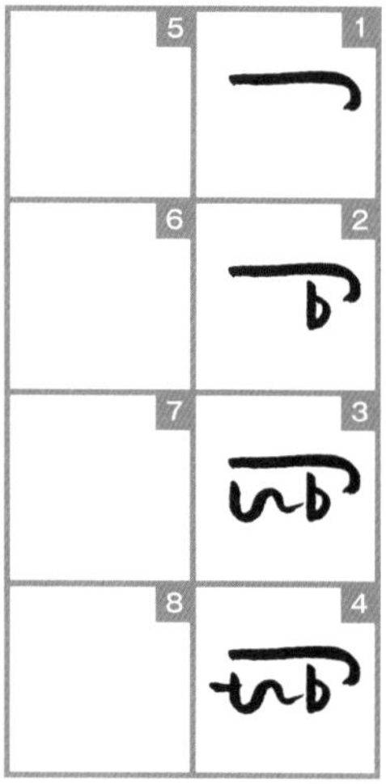

●なぞってみましょう

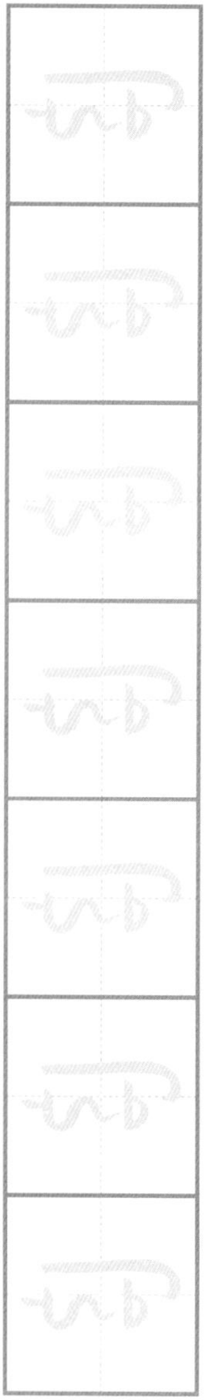

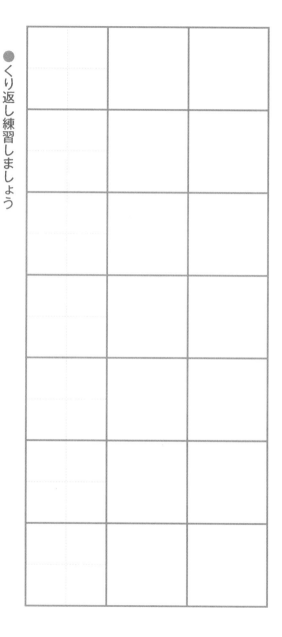

●くり返し練習しましょう

龍体文字　と

片野流
パワーが宿る書き順

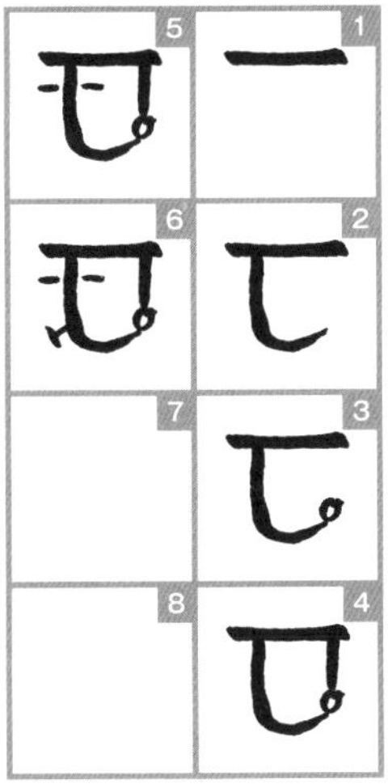

●なぞってみましょう

●くり返し練習しましょう

龍体文字 ら

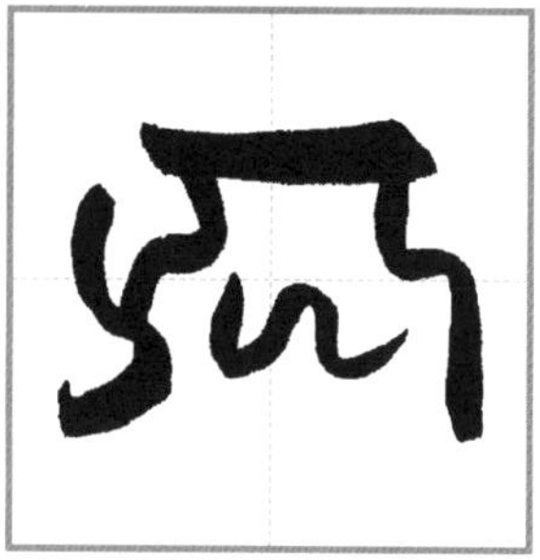

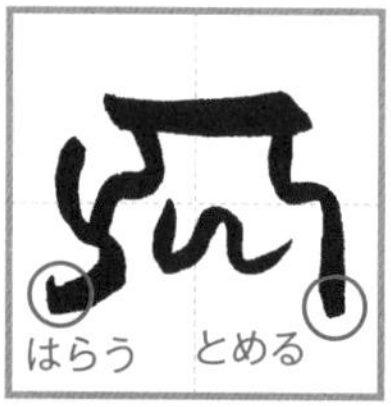

片野流
パワーが宿る書き順

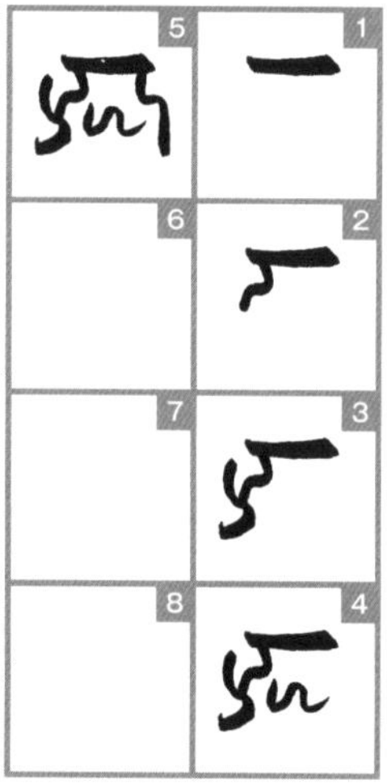

●なぞってみましょう

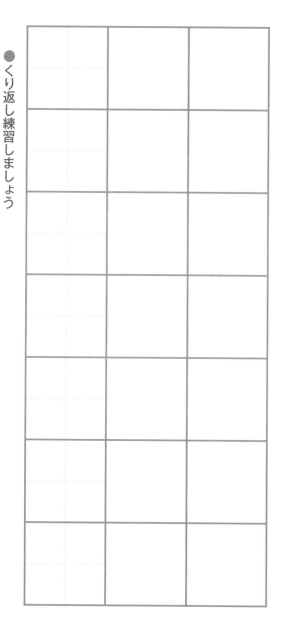

●くり返し練習しましょう

龍体文字 り

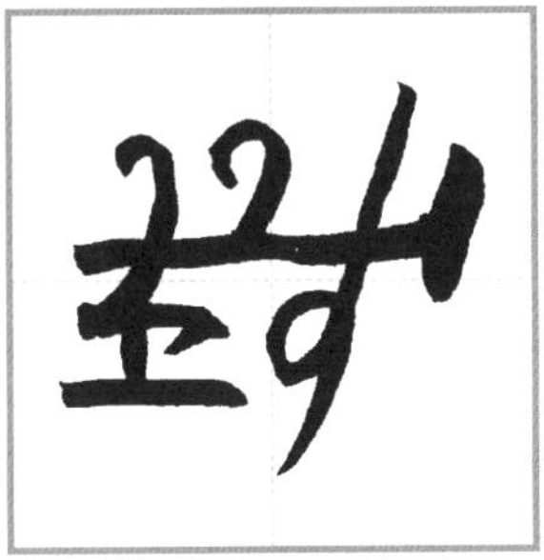

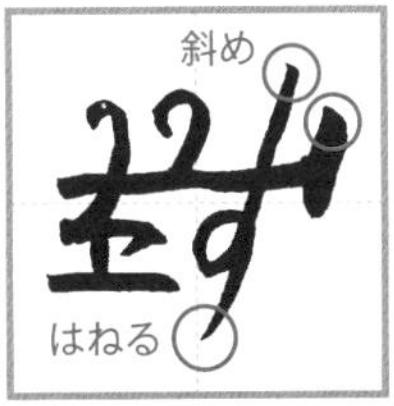

片野流 パワーが宿る書き順

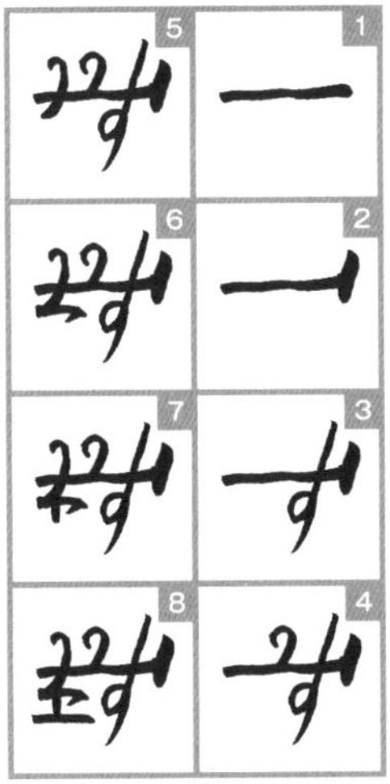

●なぞってみましょう

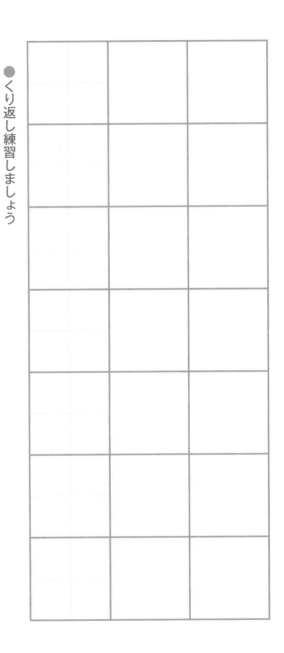

●くり返し練習しましょう

龍体文字 る

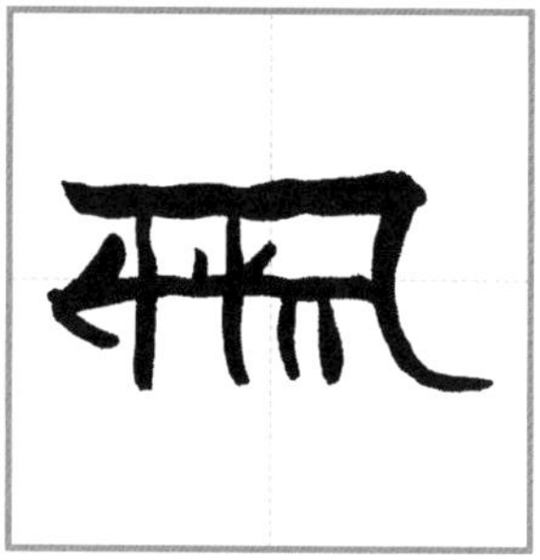

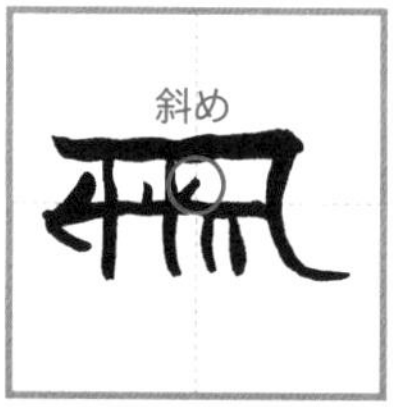

片野流
パワーが宿る書き順

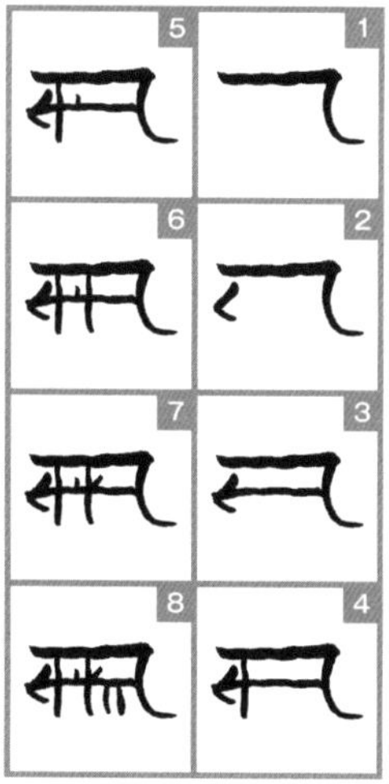

なぞってみましょう

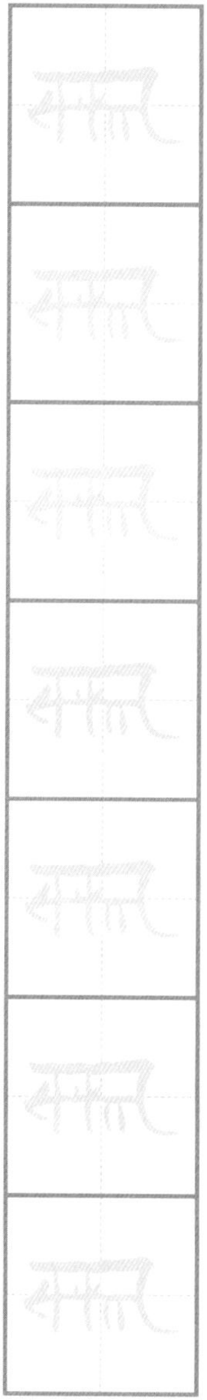

くり返し練習しましょう

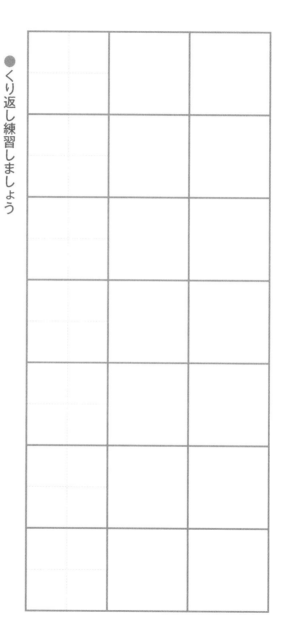

龍体文字 れ

片野流 パワーが宿る書き順

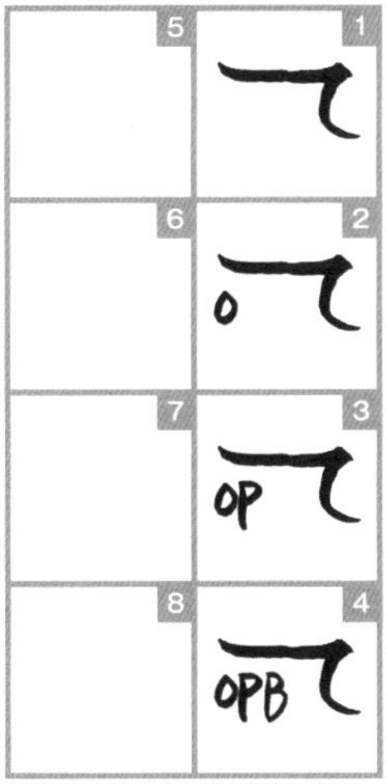

●なぞってみましょう

●くり返し練習しましょう

龍体文字 ろ

片野流
パワーが宿る書き順

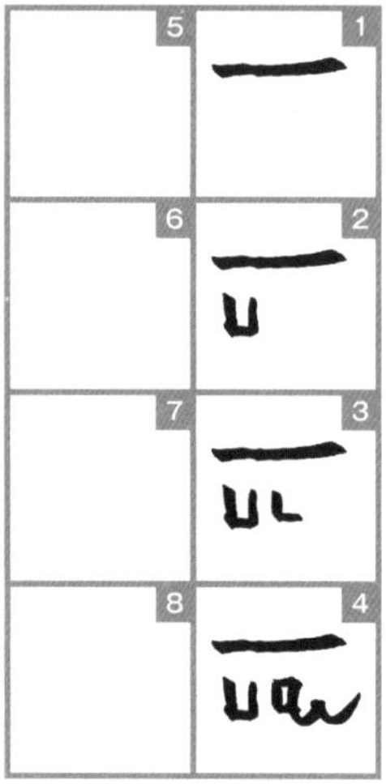

なぞってみましょう

くり返し練習しましょう

龍体文字 さ

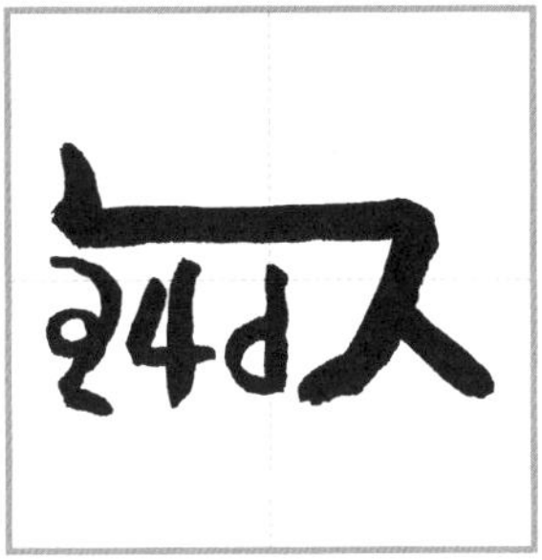

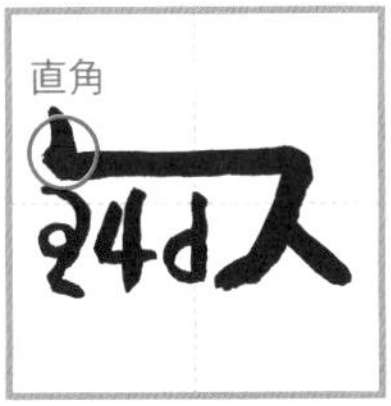

片野流
パワーが宿る書き順

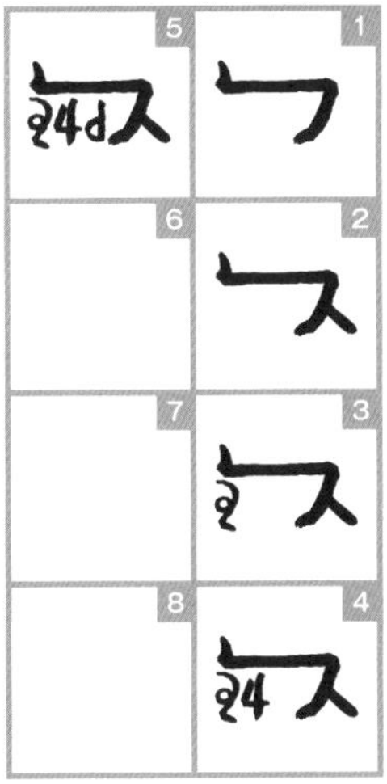

なぞってみましょう

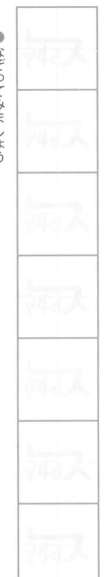

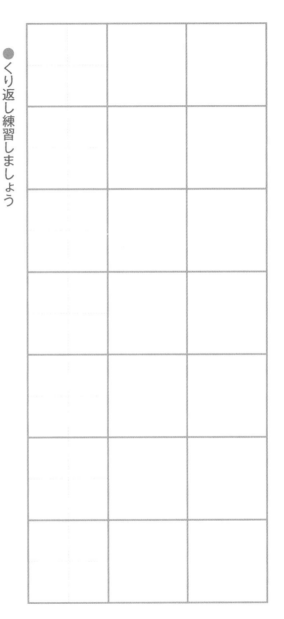

くり返し練習しましょう

さ
しすせそ

龍体文字 し

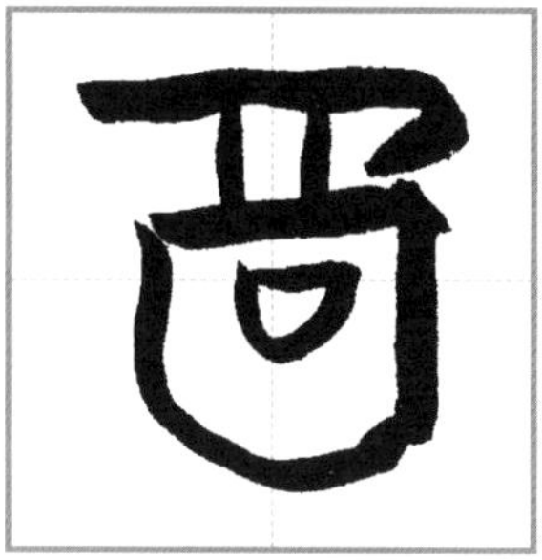

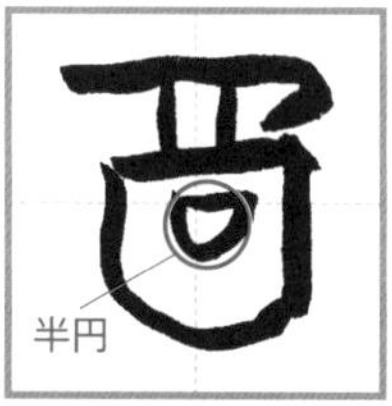

片野流 パワーが宿る書き順

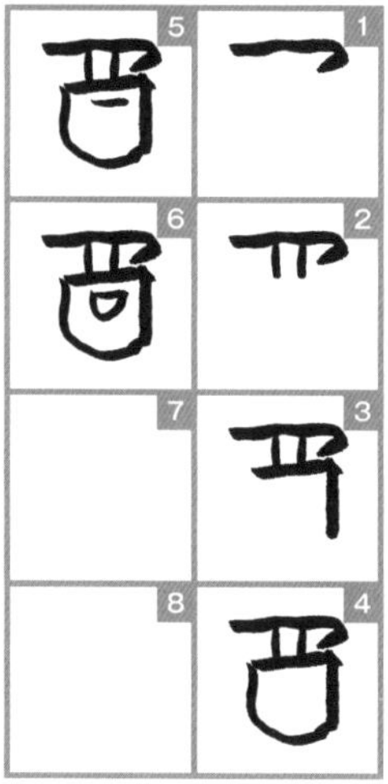

●なぞってみましょう

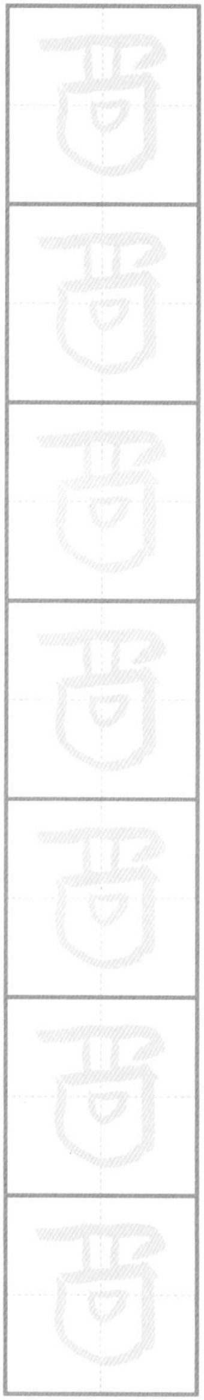

●くり返し練習しましょう

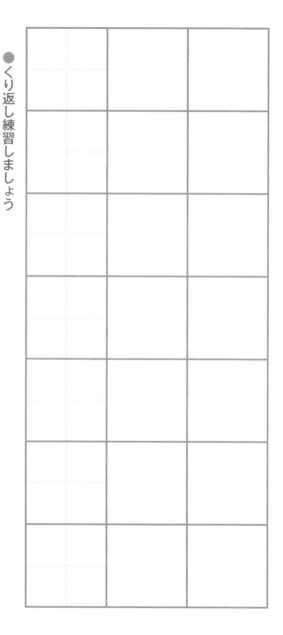

龍体文字 す

片野流
パワーが宿る書き順

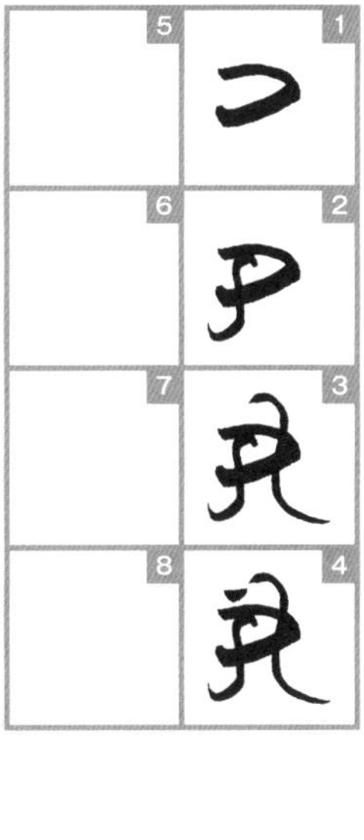

●なぞってみましょう

●くり返し練習しましょう

龍体文字 せ

片野流
パワーが宿る書き順

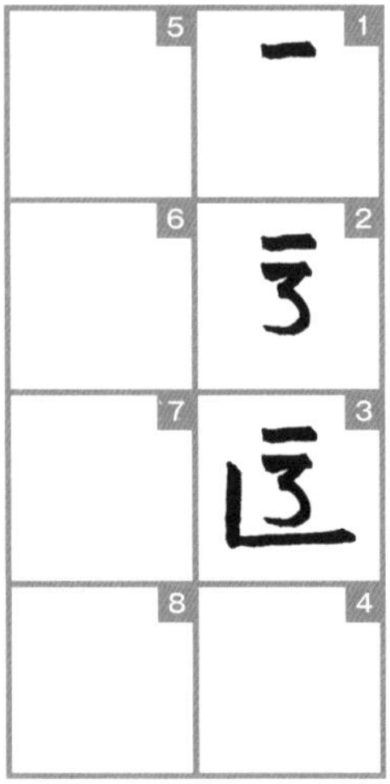

●なぞってみましょう

●くり返し練習しましょう

龍体文字 そ

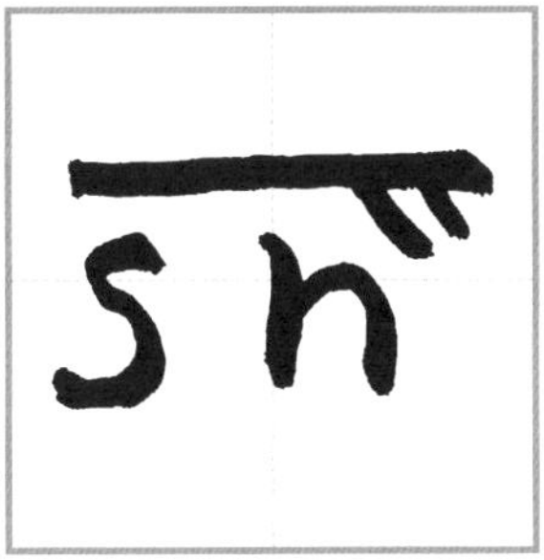

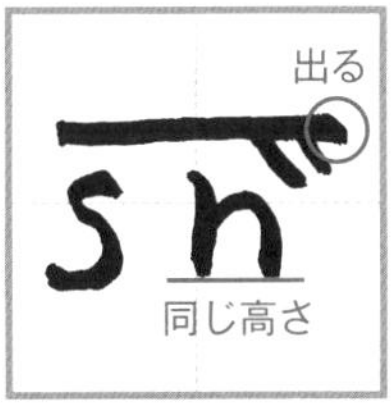

片野流
パワーが宿る書き順

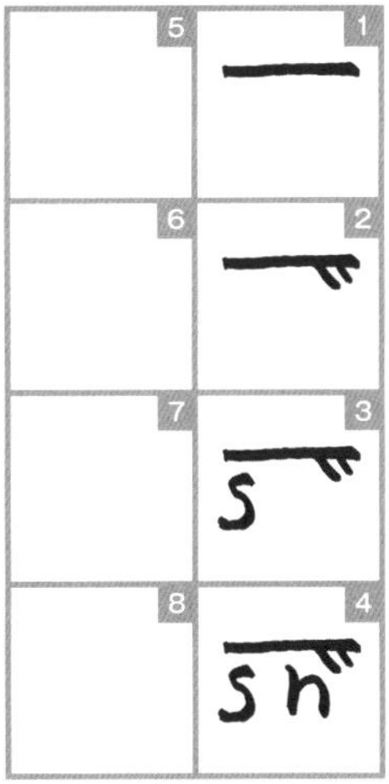

●なぞってみましょう

●くり返し練習しましょう

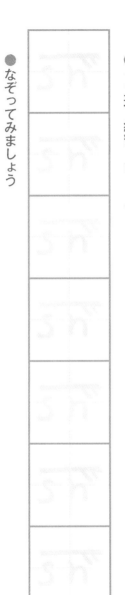

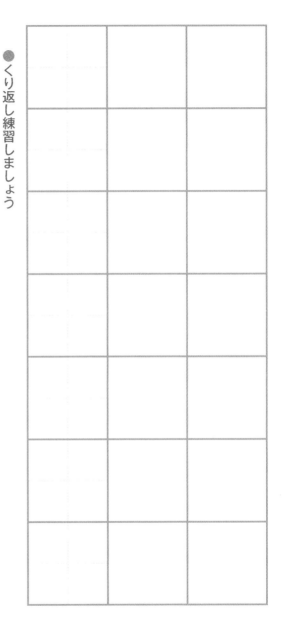

龍体文字 や

片野流
パワーが宿る書き順

●なぞってみましょう

●くり返し練習しましょう

龍体文字 ゐ

片野流
パワーが宿る書き順

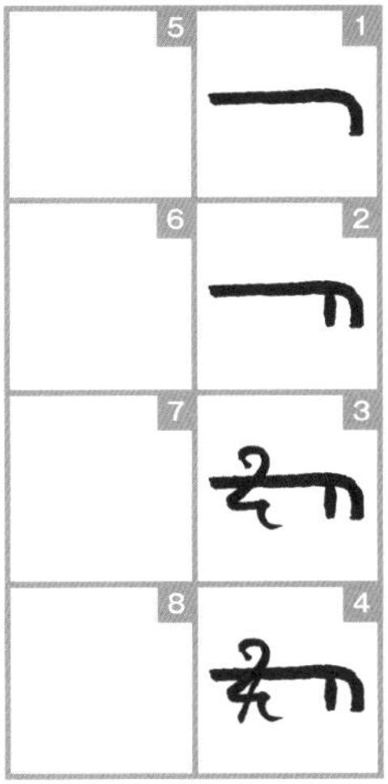

なぞってみましょう

くり返し練習しましょう

や
ゐゆ
ゑよ

龍体文字 ゆ

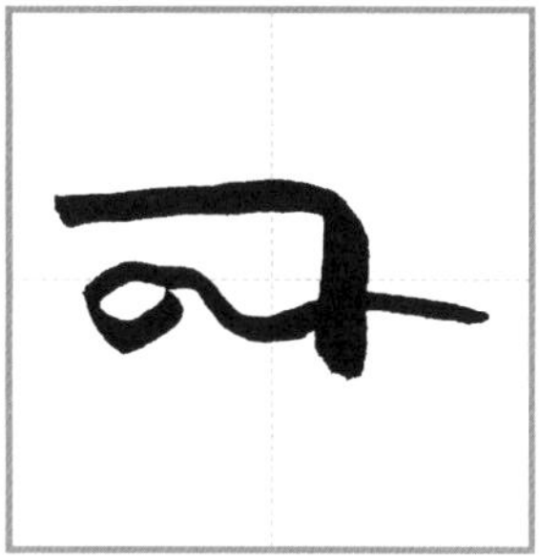

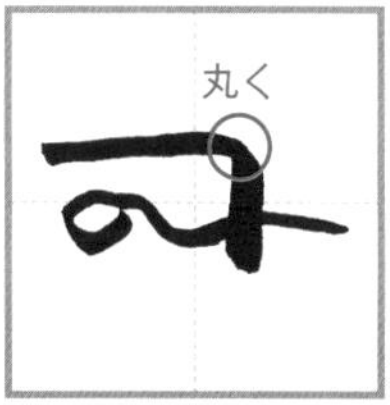

片野流
パワーが宿る書き順

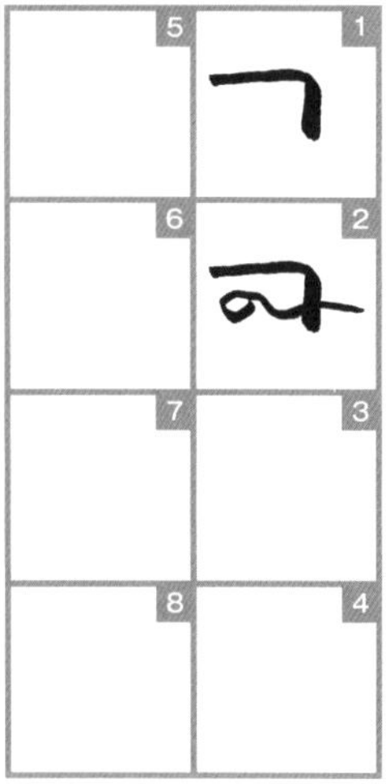

●なぞってみましょう

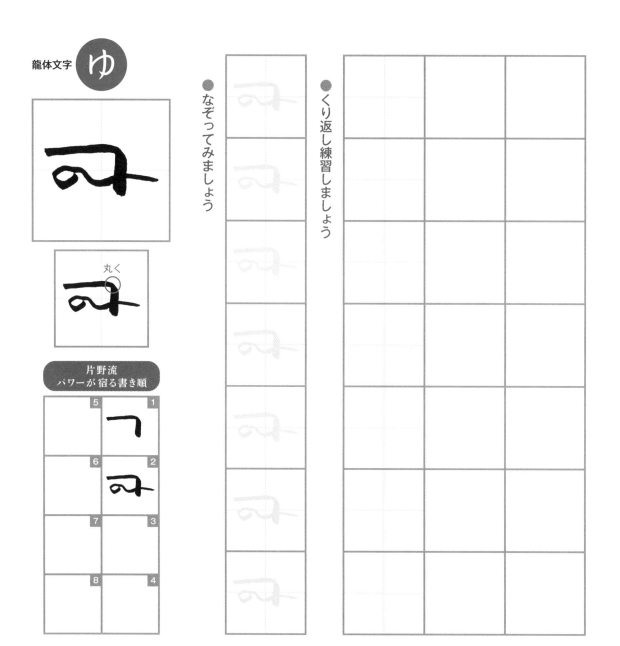

●くり返し練習しましょう

龍体文字 ゑ

片野流 パワーが宿る書き順

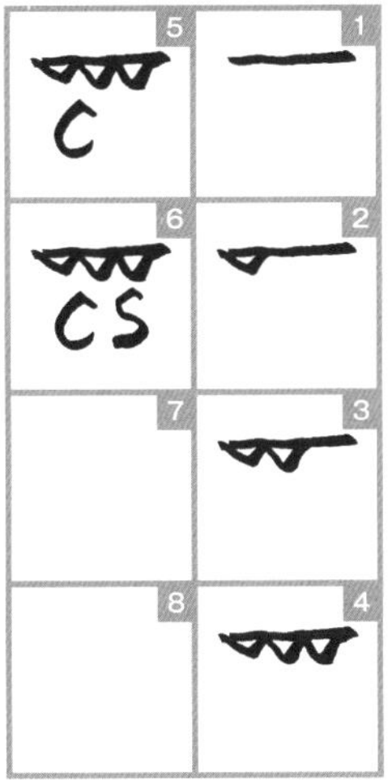

●なぞってみましょう

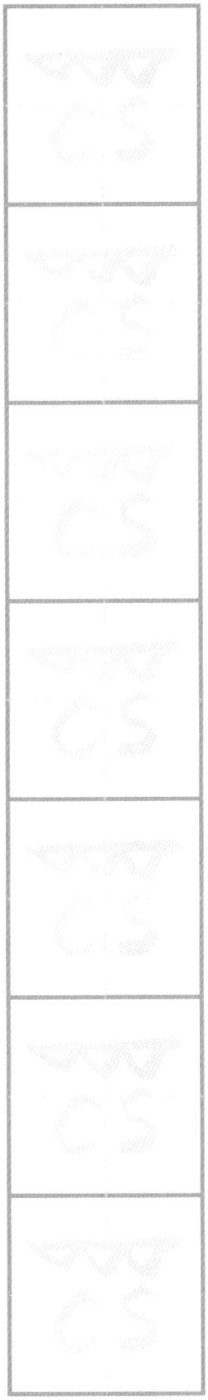

●くり返し練習しましょう

や ゆ ゐ ゑ よ

龍体文字 よ

片野流
パワーが宿る書き順

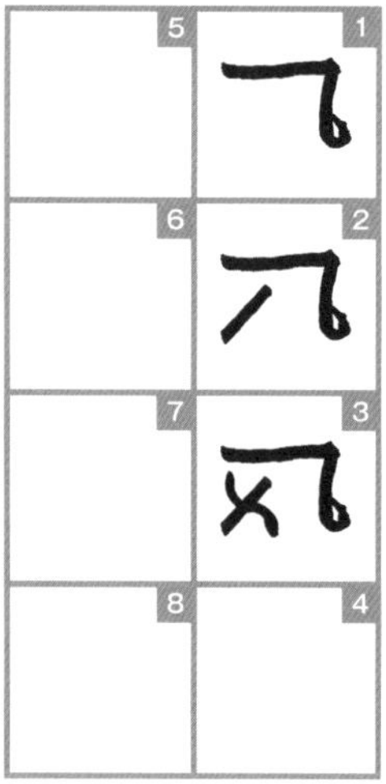

●なぞってみましょう

●くり返し練習しましょう

龍体文字 わ

片野流
パワーが宿る書き順

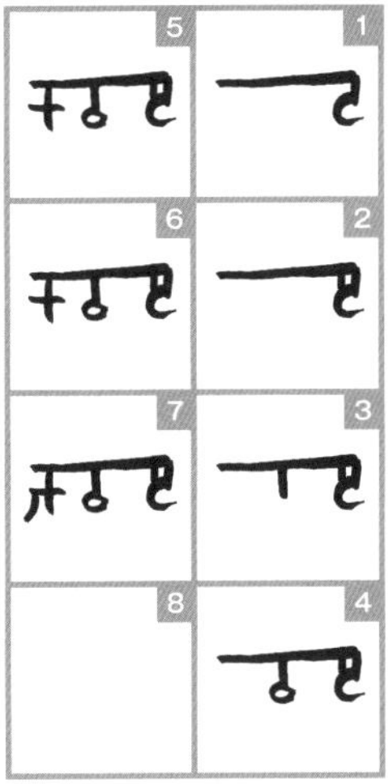

なぞってみましょう

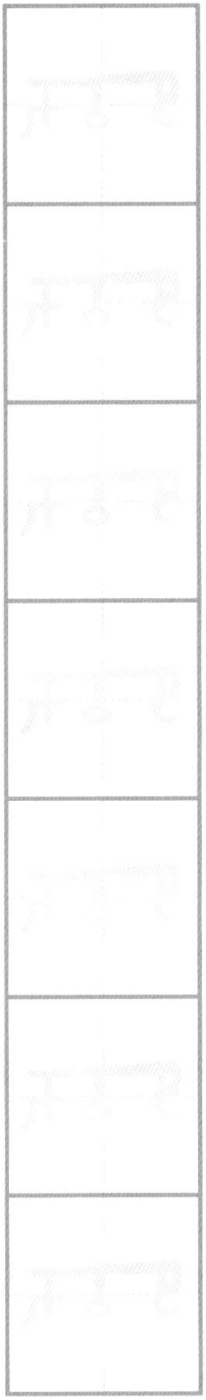

くり返し練習しましょう

わ

龍体文字 い

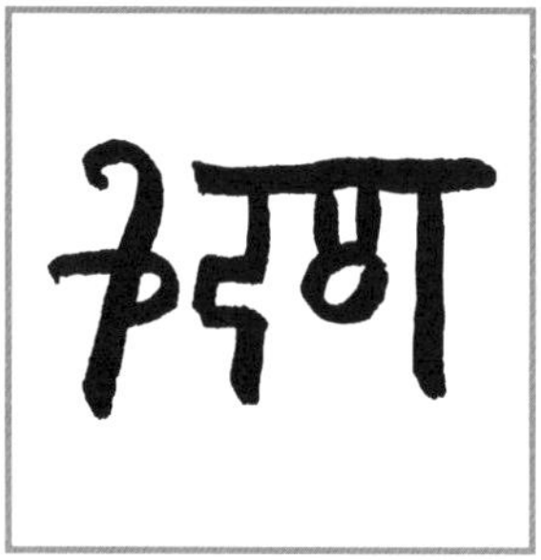

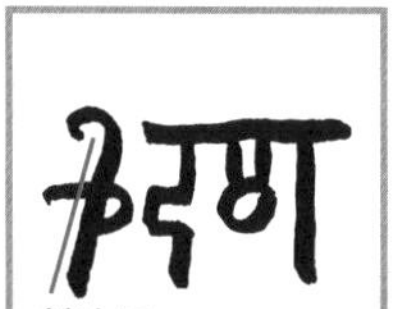

斜めに

片野流 パワーが宿る書き順

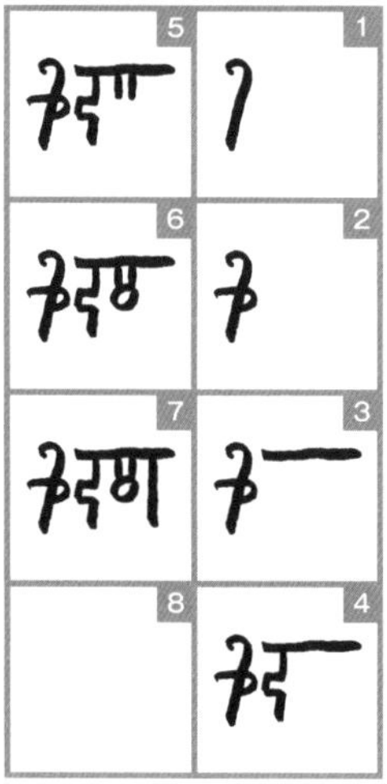

● なぞってみましょう

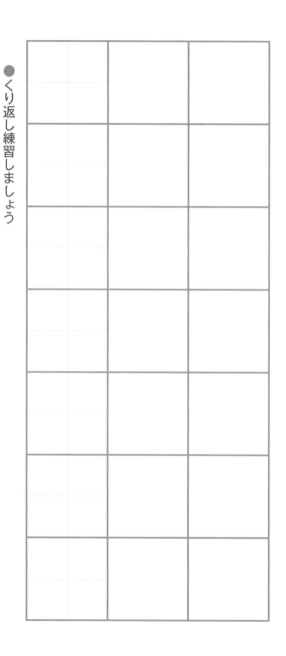

● くり返し練習しましょう

龍体文字 う

片野流
パワーが宿る書き順

●なぞってみましょう

●くり返し練習しましょう

龍体文字 え

片野流 パワーが宿る書き順

● なぞってみましょう

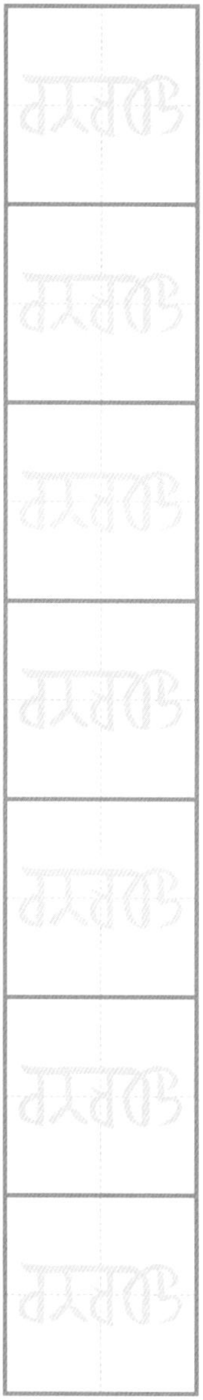

● くり返し練習しましょう

龍体文字 を

片野流 パワーが宿る書き順

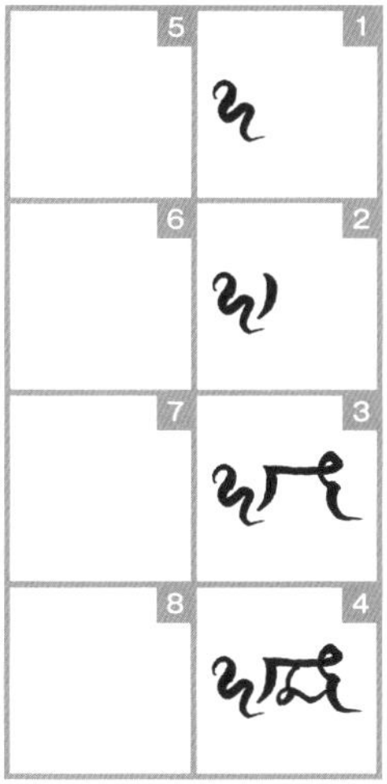

●なぞってみましょう

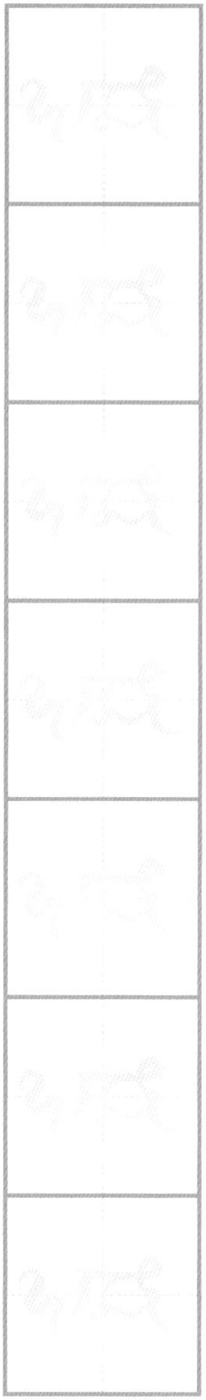

●くり返し練習しましょう

龍体文字 ん

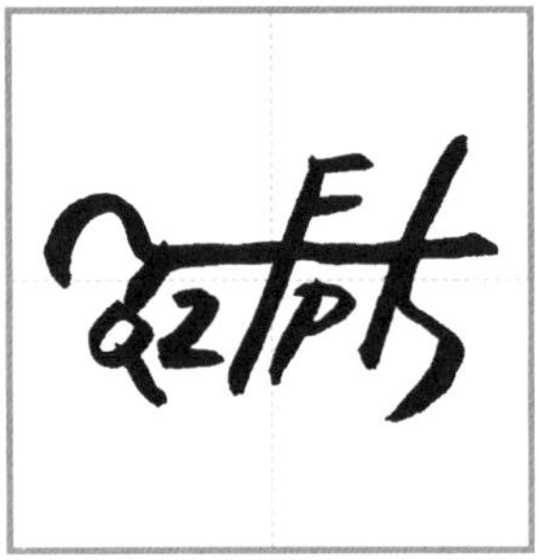

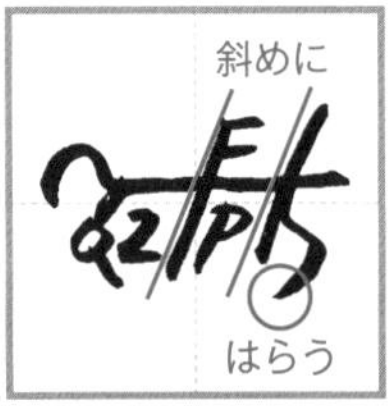

**片野流
パワーが宿る書き順**

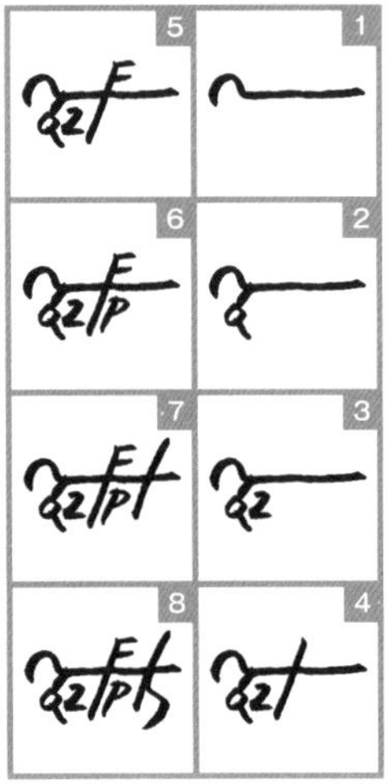

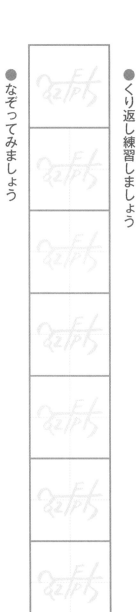

● なぞってみましょう

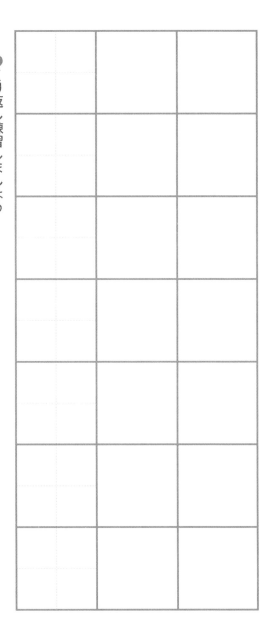

● くり返し練習しましょう

龍体文字 ん

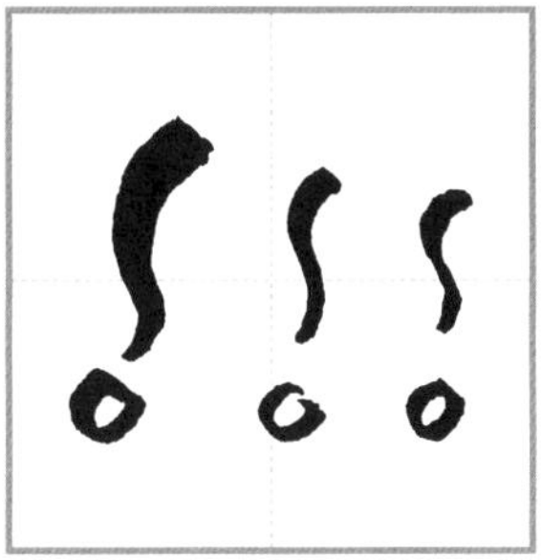

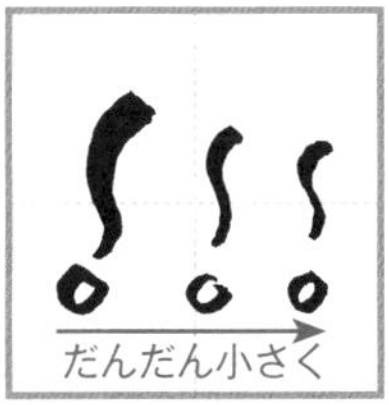

片野流
パワーが宿る書き順

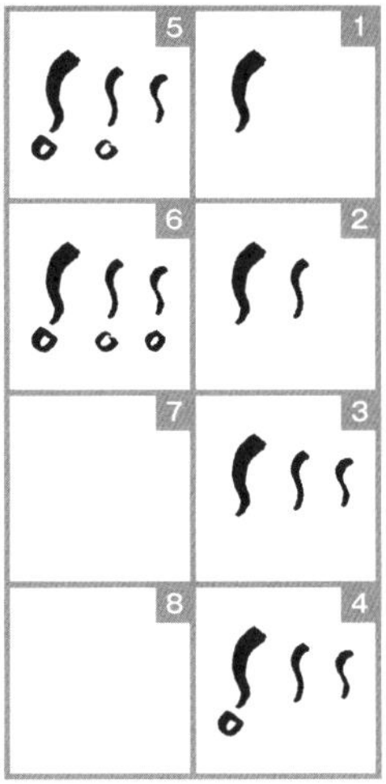

●なぞってみましょう

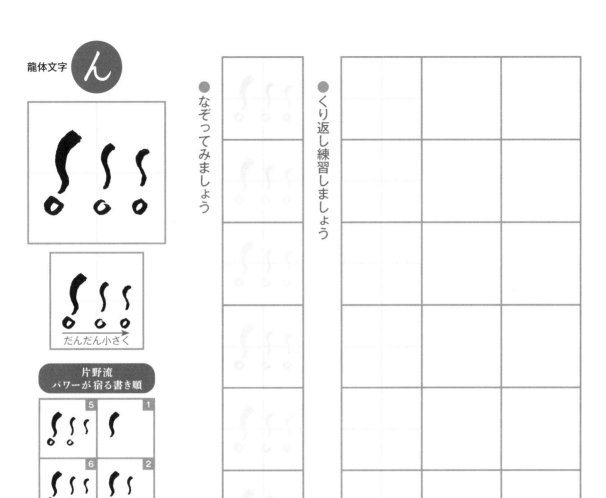

●くり返し練習しましょう

ん
んん

ひふみ祝詞

●なぞってみましょう

ひふみ

よいむなや

こともちろらね

しきる

ゆゐつわぬ

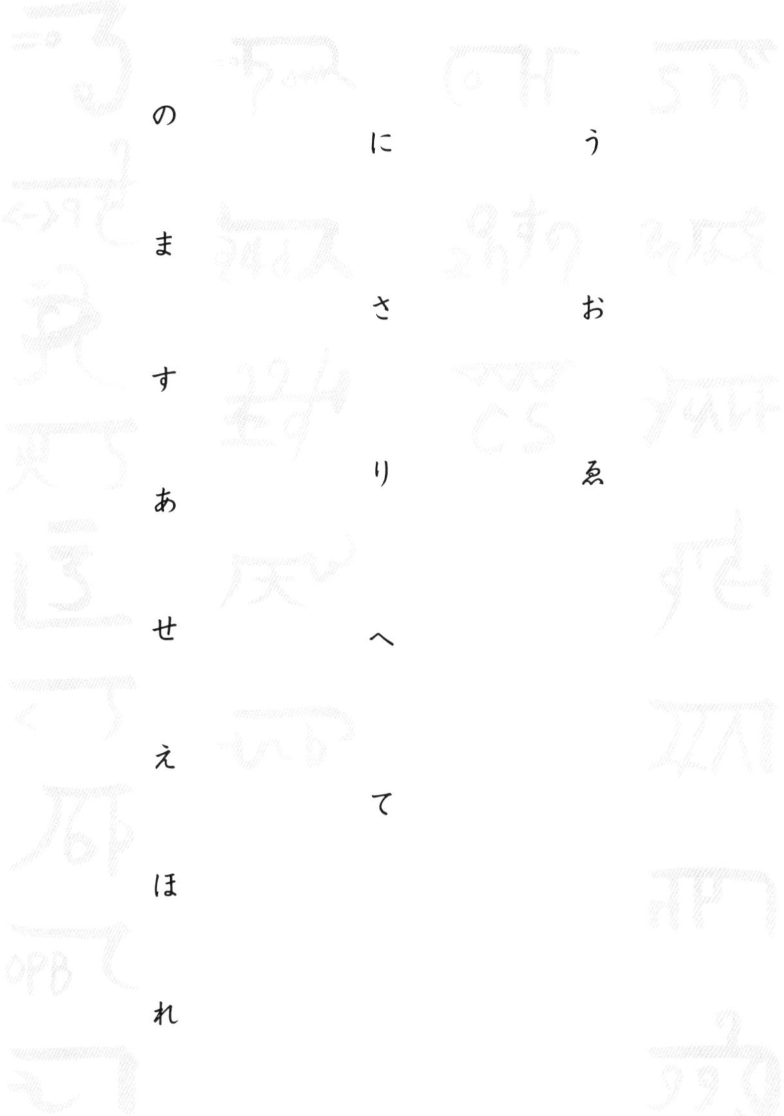

そをたはくめか
うおゑ
にさりへて
のますあせえほれけ

あわ歌

●なぞってみましょう

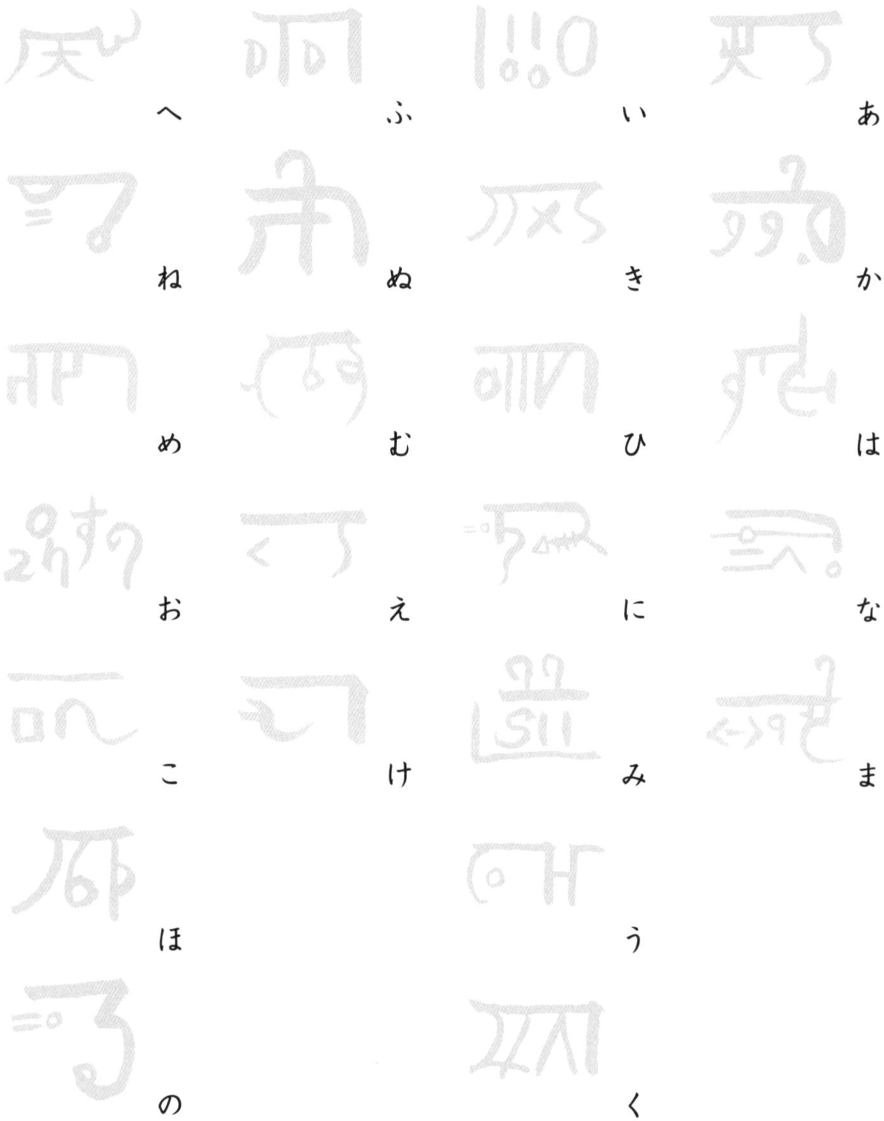

あ
か
は
な
ま
い
き
ひ
に
み
う
く
ふ
ぬ
む
え
け
へ
ね
め
お
こ
ほ
の

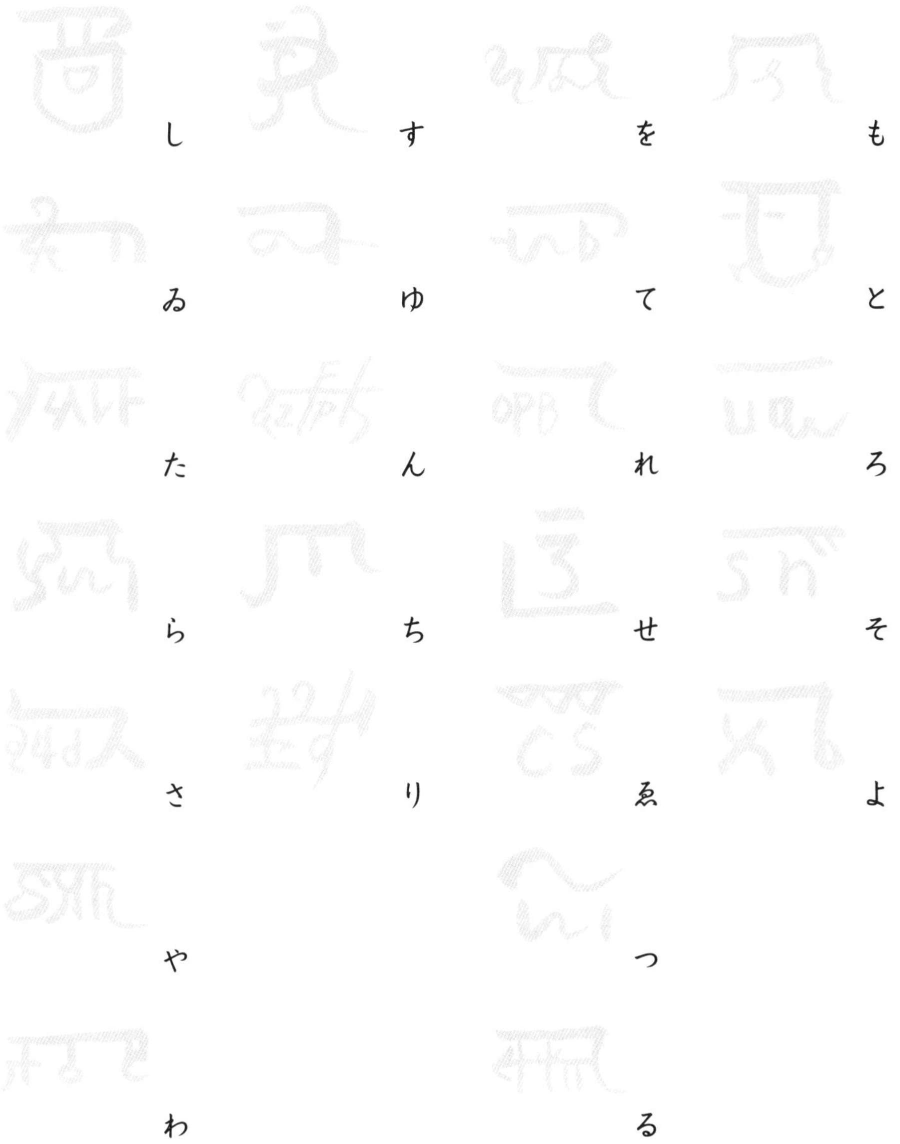

もとろそよ
をてれせゑつる
すゆんちり
しゐたらさやわ

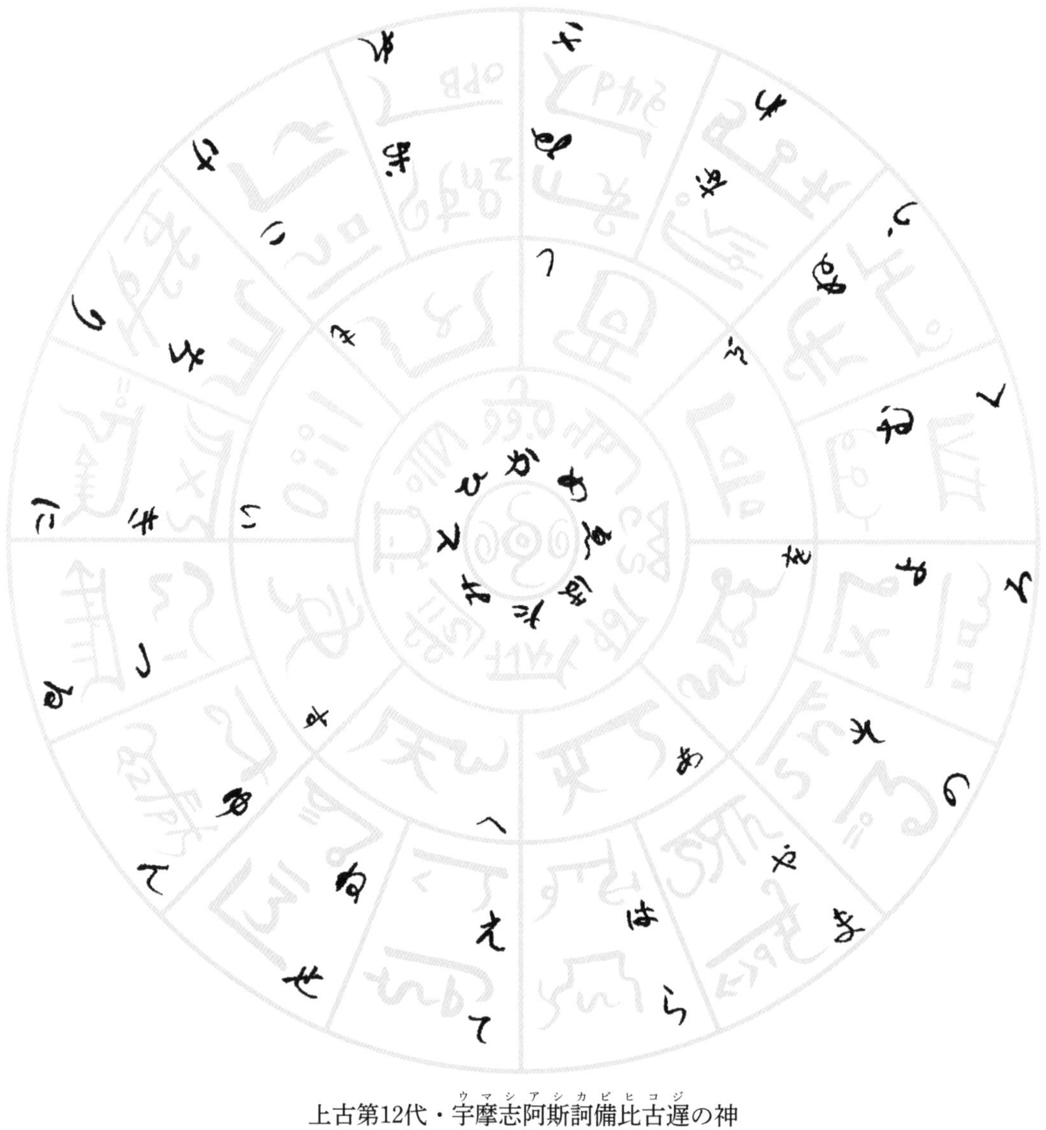

上古第12代・宇摩志阿斯訶備比古遅《ウマシアシカビヒコジ》の神

龍踊文字

第2章

龍踊文字は、上古第23代正《マサ》哉《カ》吾《ア》勝《カツ》勝《カチ》速《ハヤ》日《ヒ》天《アメノ》忍《オシ》穂《ホ》耳《ミミ》命《ノミコト》（忍穂耳天皇）によって作られました。ホツマ文字を作ったイザナギ・イザナミより2代あとですから、3200年ほど前の文字でしょう。その名も「りゅうおどる」。

難しい文字ですが、よく見ると、カタカナをベースにしている字が多いので、そこから特徴をつかんでいったら覚えやすいです。カタカナは、ずいぶん古い時代から存在していたようです。

さらに、ひふみ祝詞の並べ方で書いていくと（126ページ参照）、龍がダンスしているのがわかります。

ヒゲと尻尾は、最後に書きます。生まれたての赤ちゃんにはまだヒゲがありません。立っている子供の龍は、尻尾が、3つではなく、2つだけのものもあります。細かく注意して書きましょう。集中力が必要！

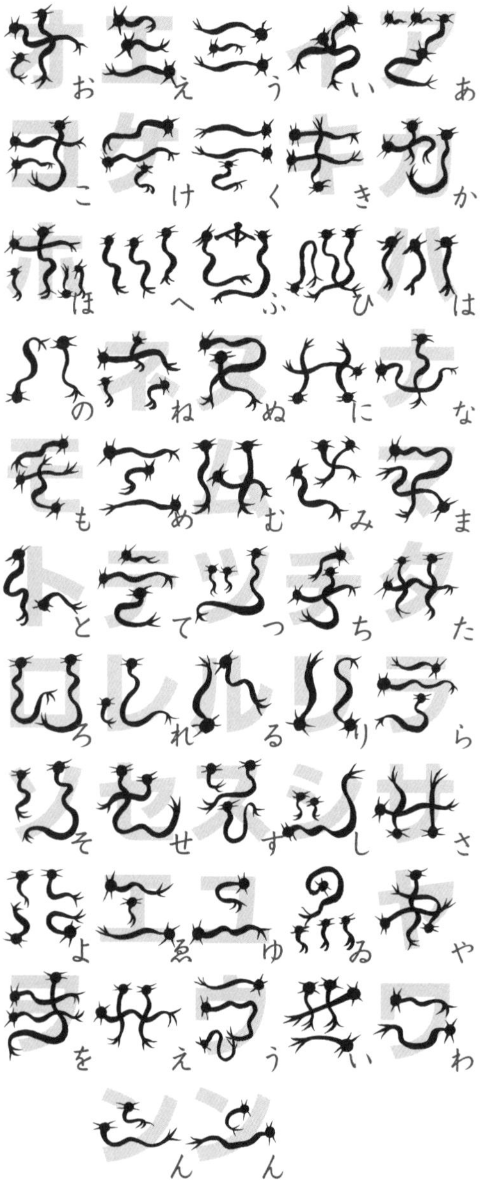

〈カタカナベースの文字〉

〈全52文字一覧〉

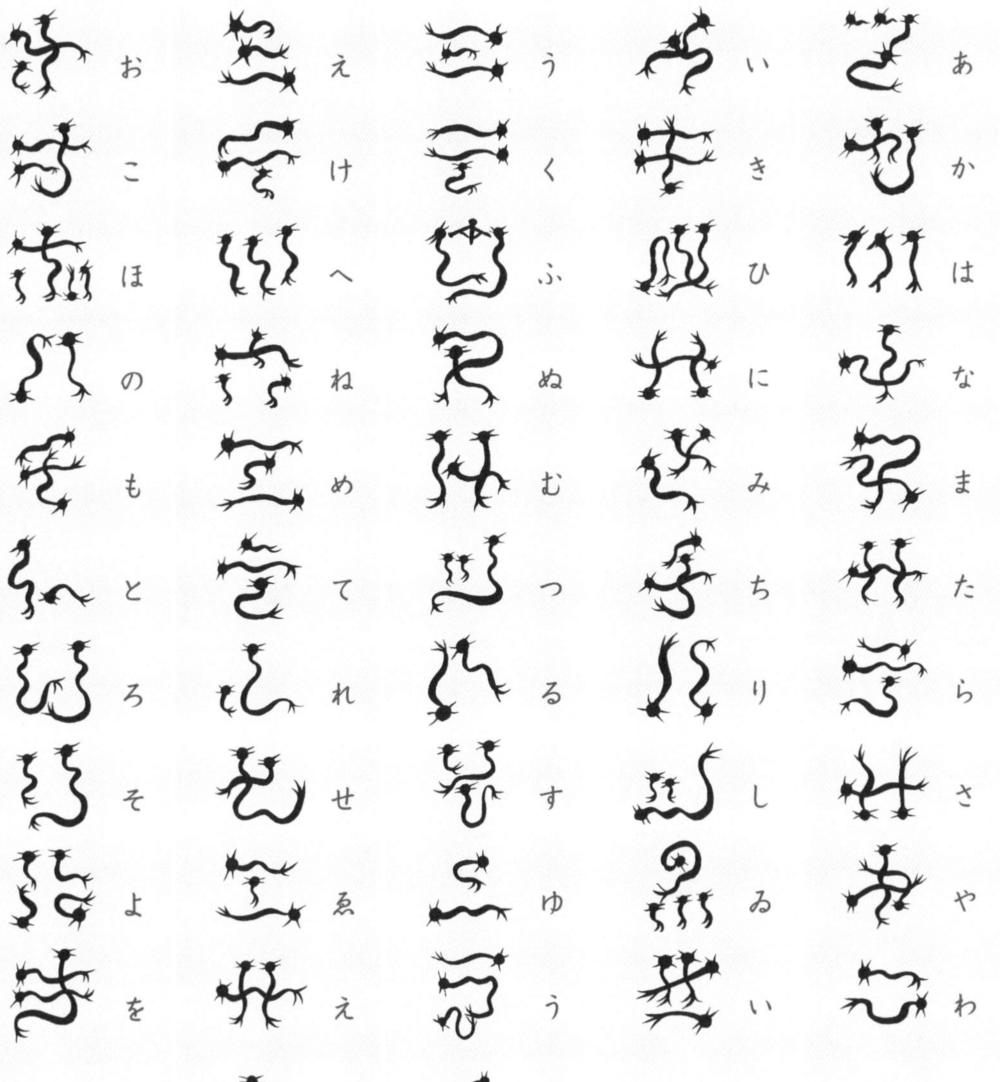

あ か は な ま た ら さ や わ
い き ひ に み ち り し ゐ い
う く ふ ぬ む つ る す ゆ う ん
え け へ ね め て れ せ ゑ え ん
お こ ほ の も と ろ そ よ を

龍踊文字 あ

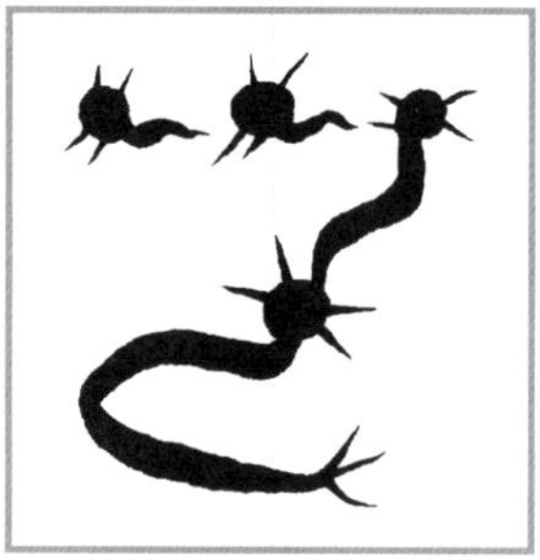

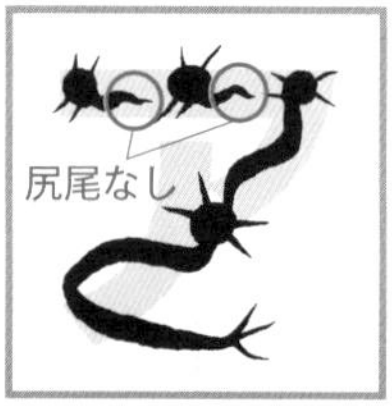

片野流 パワーが宿る書き順

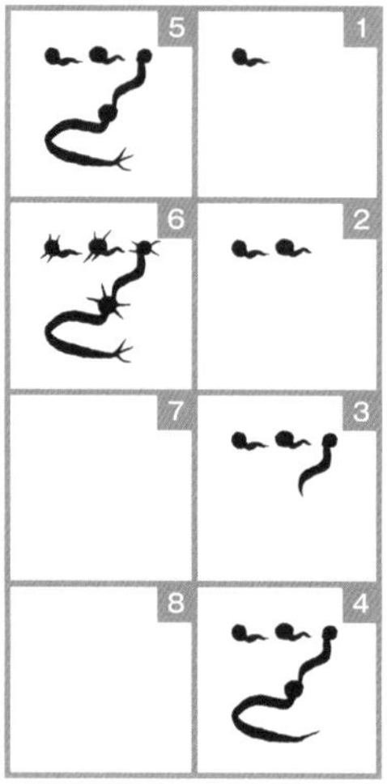

●なぞってみましょう

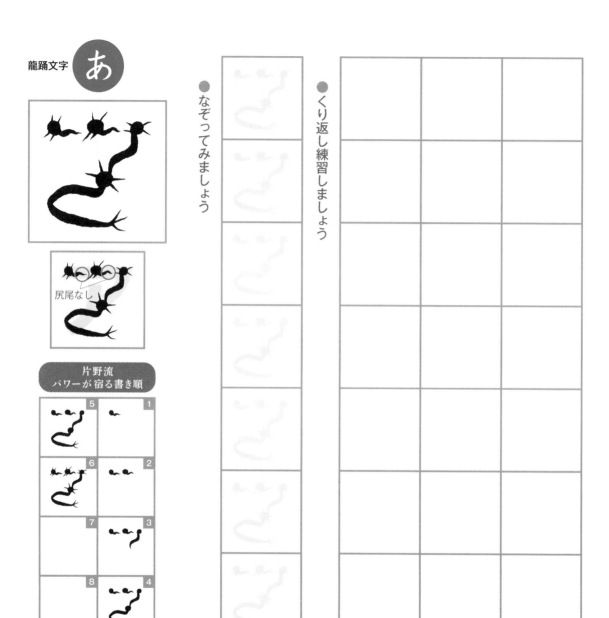

●くり返し練習しましょう

龍踊文字 い

片野流
パワーが宿る書き順

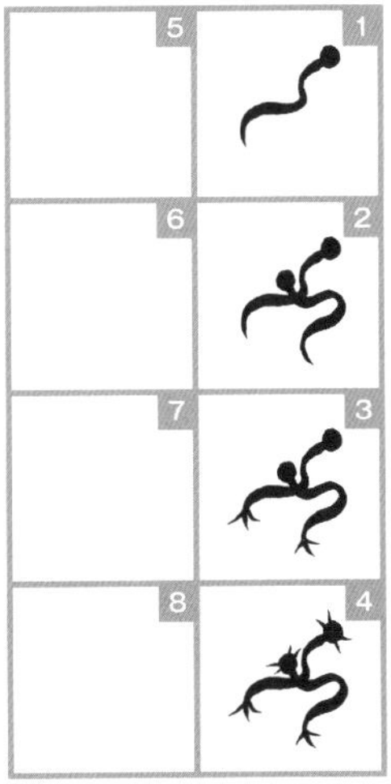

●なぞってみましょう

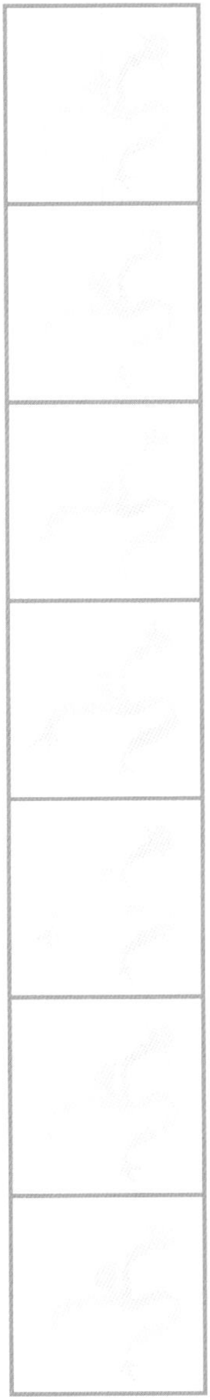

●くり返し練習しましょう

龍踊文字 う

片野流
パワーが宿る書き順

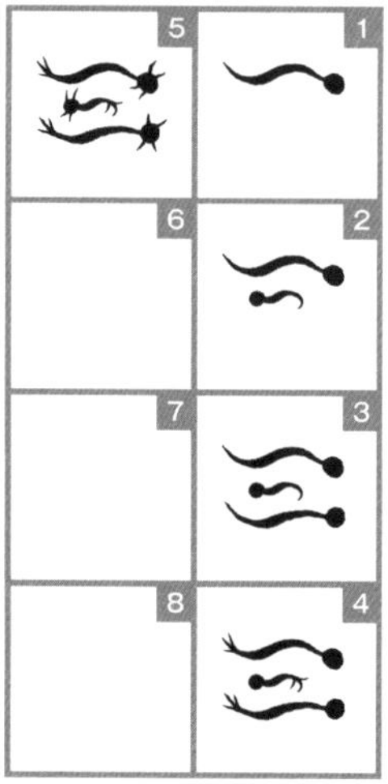

● なぞってみましょう

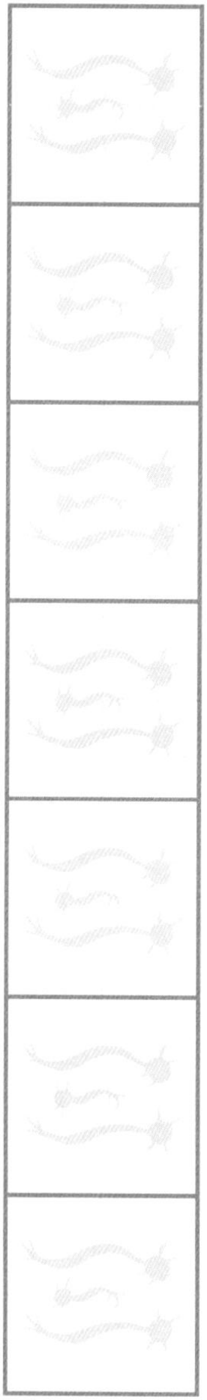

● くり返し練習しましょう

龍踊文字 え

片野流
パワーが宿る書き順

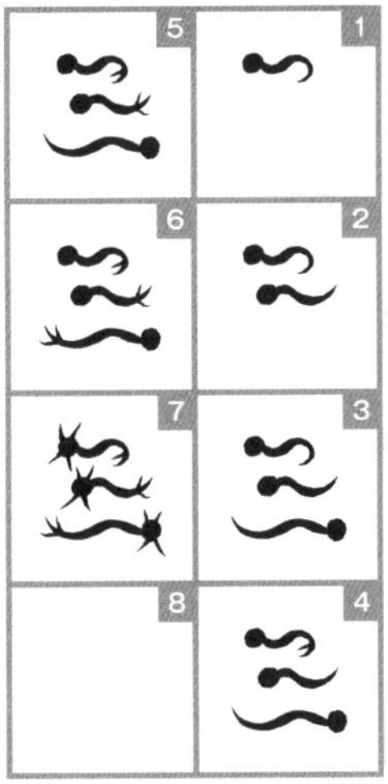

●なぞってみましょう

●くり返し練習しましょう

龍踊文字 お

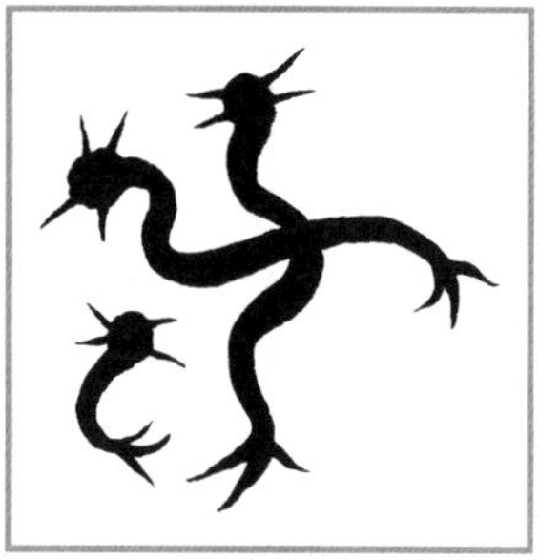

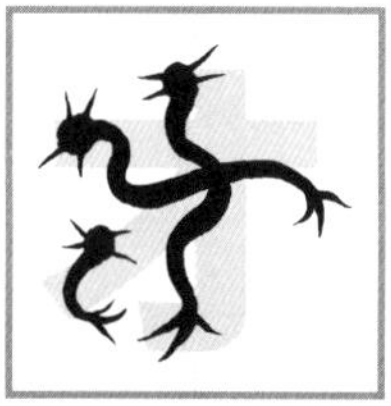

片野流
パワーが宿る書き順

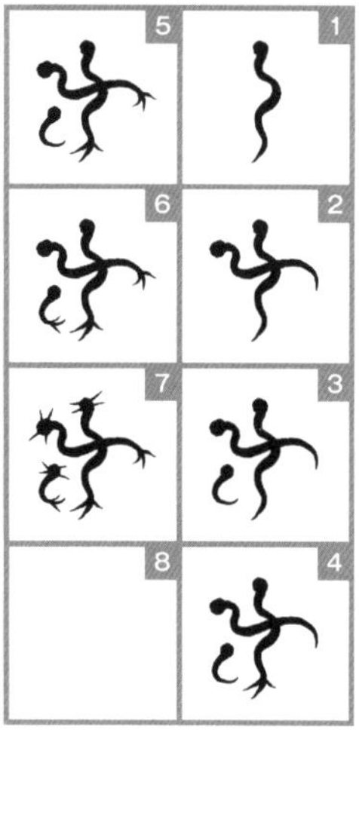

なぞってみましょう

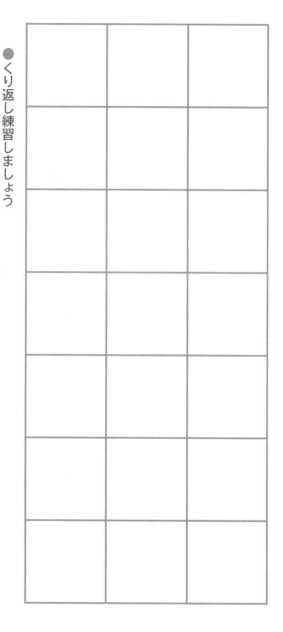

くり返し練習しましょう

龍踊文字 か

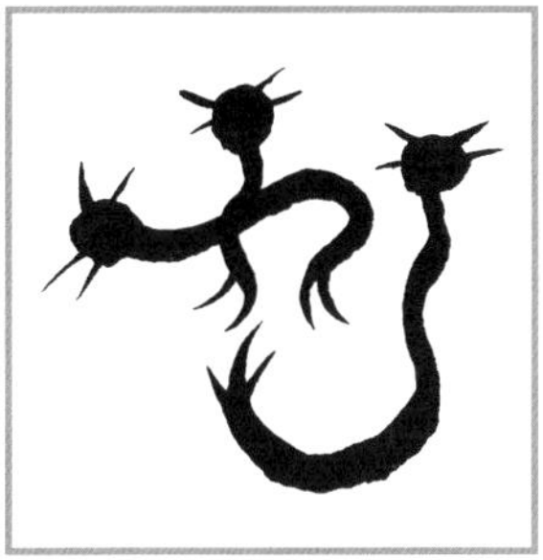

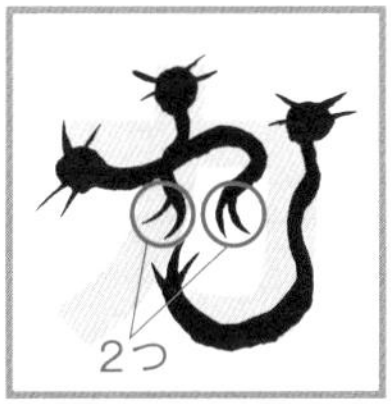

片野流
パワーが宿る書き順

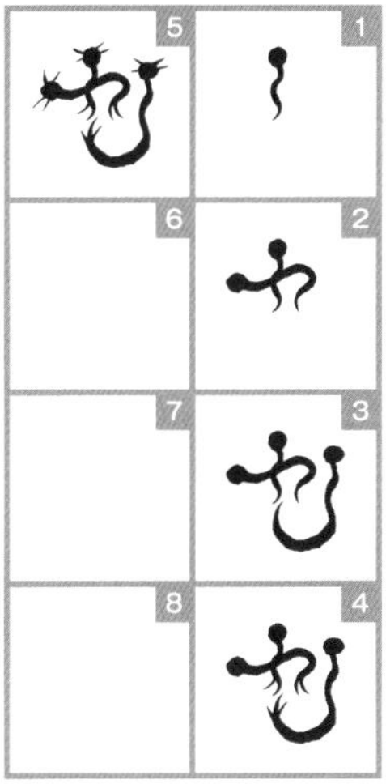

なぞってみましょう

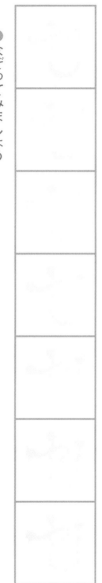

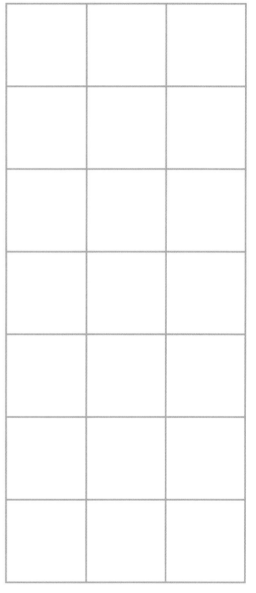

くり返し練習しましょう

龍踊文字　き

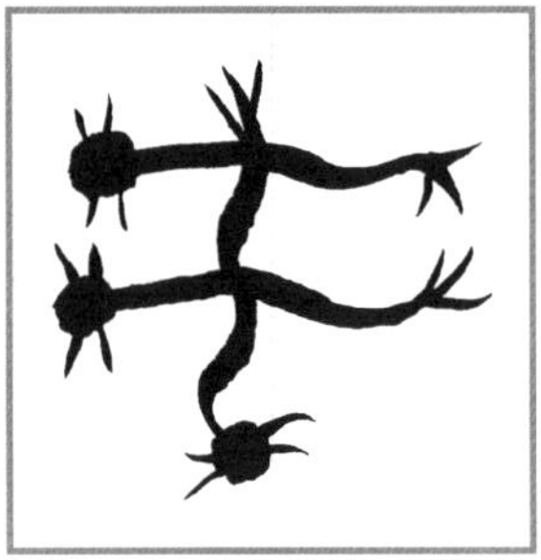

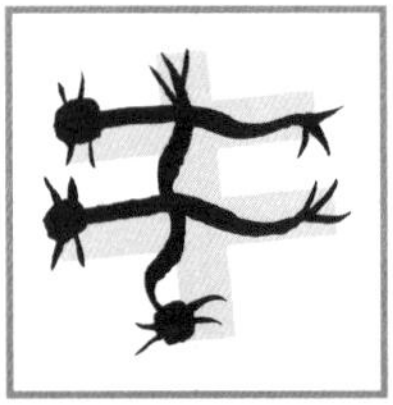

片野流
パワーが宿る書き順

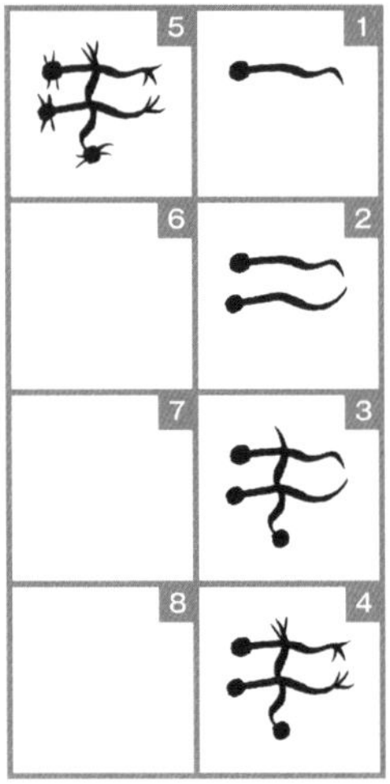

●なぞってみましょう

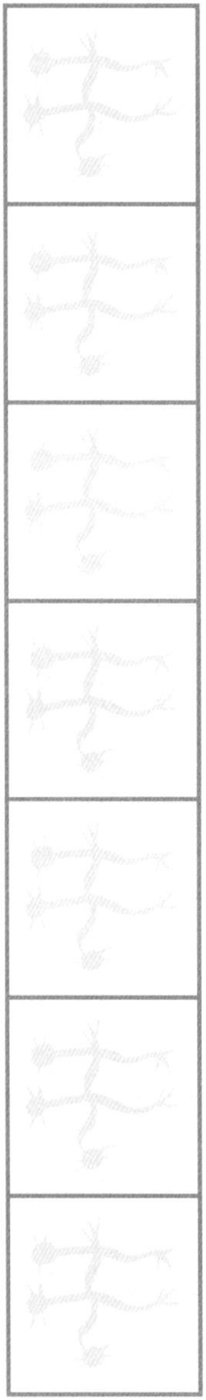

●くり返し練習しましょう

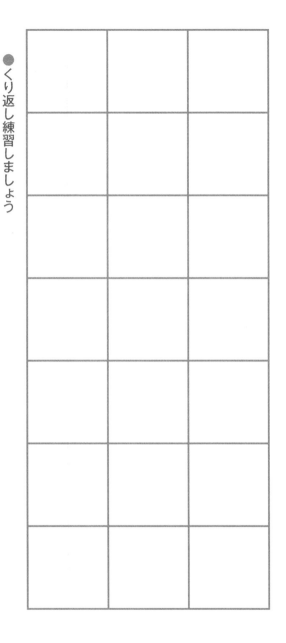

龍踊文字 く

片野流
パワーが宿る書き順

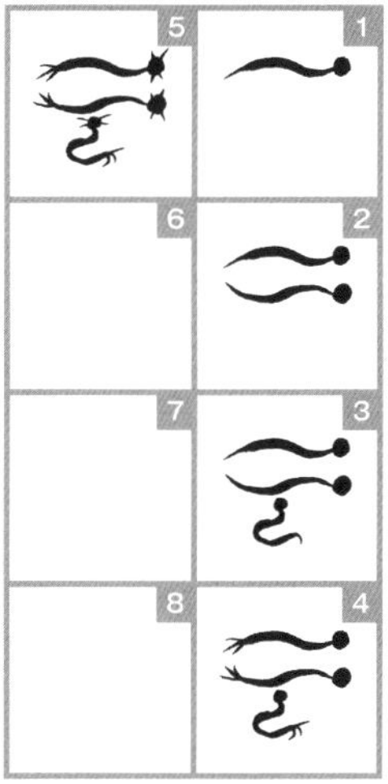

●なぞってみましょう

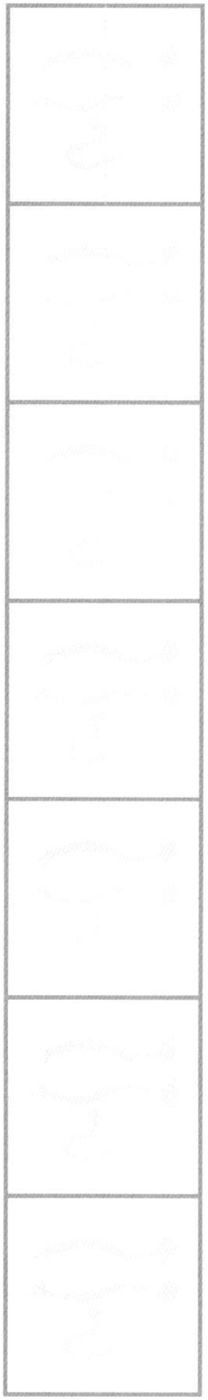

●くり返し練習しましょう

龍踊文字 け

片野流
パワーが宿る書き順

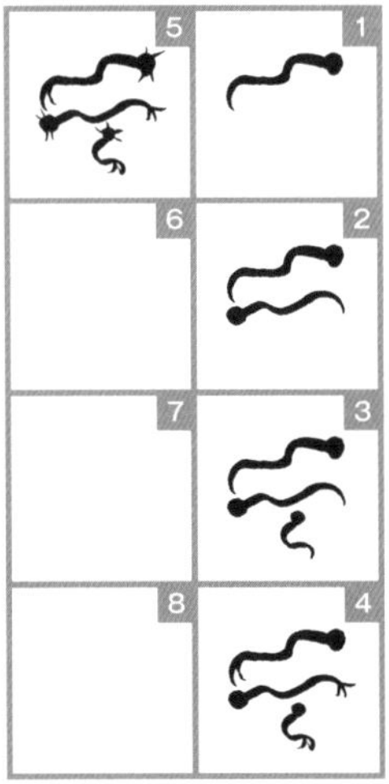

なぞってみましょう

くり返し練習しましょう

龍踊文字 こ

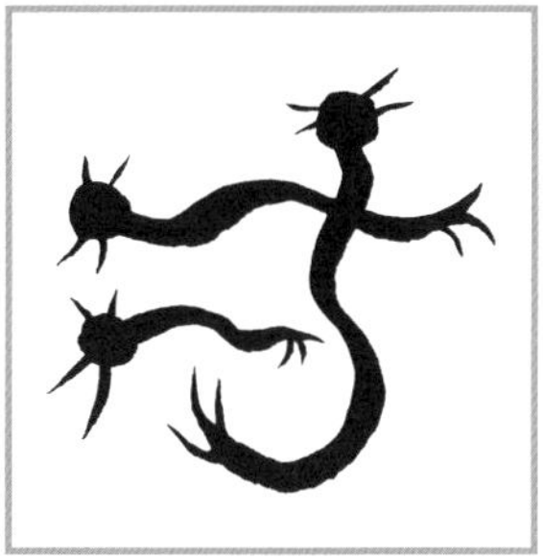

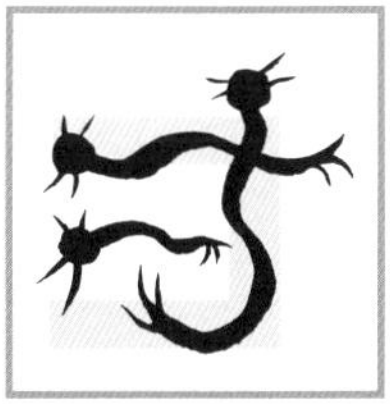

片野流 パワーが宿る書き順

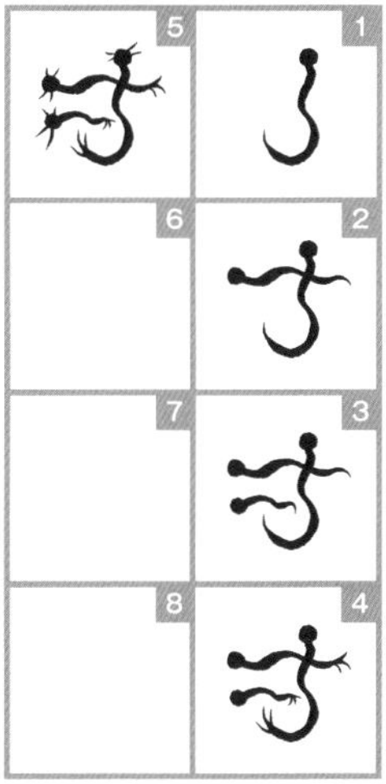

● なぞってみましょう

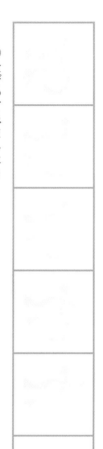

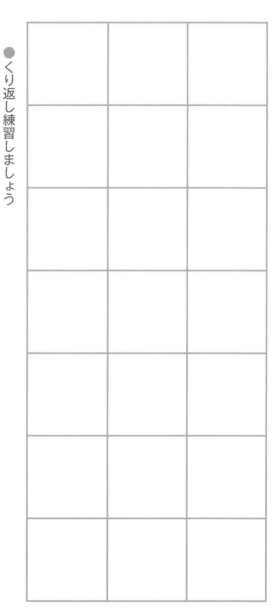

● くり返し練習しましょう

龍踊文字 は

片野流
パワーが宿る書き順

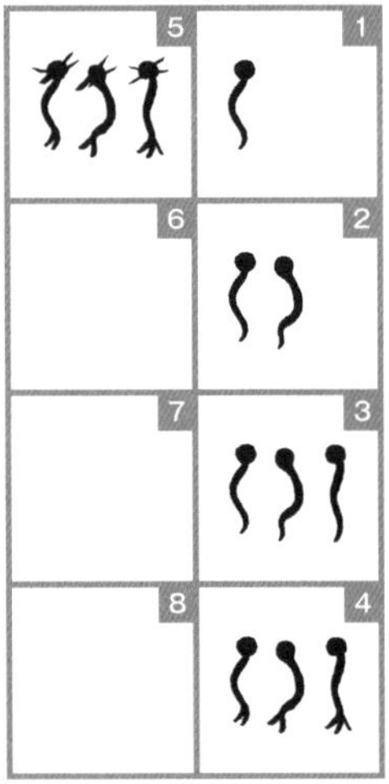

●なぞってみましょう

●くり返し練習しましょう

龍踊文字 ひ

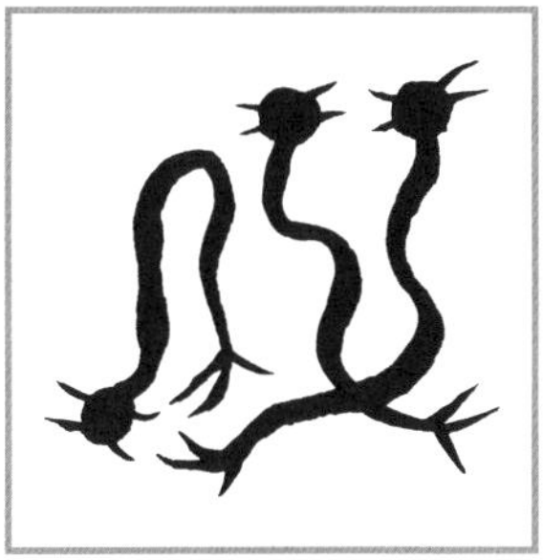

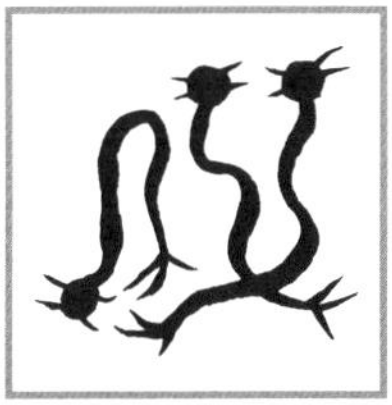

片野流
パワーが宿る書き順

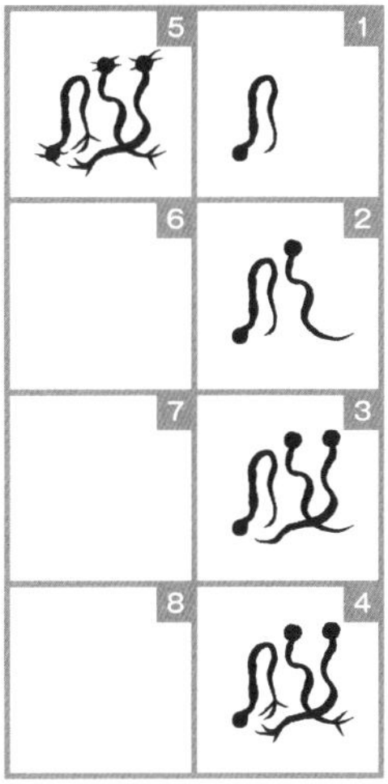

●なぞってみましょう

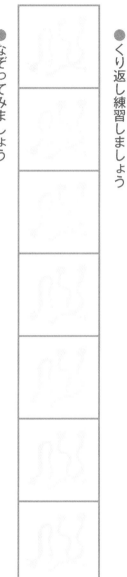

●くり返し練習しましょう

龍踊文字 ふ

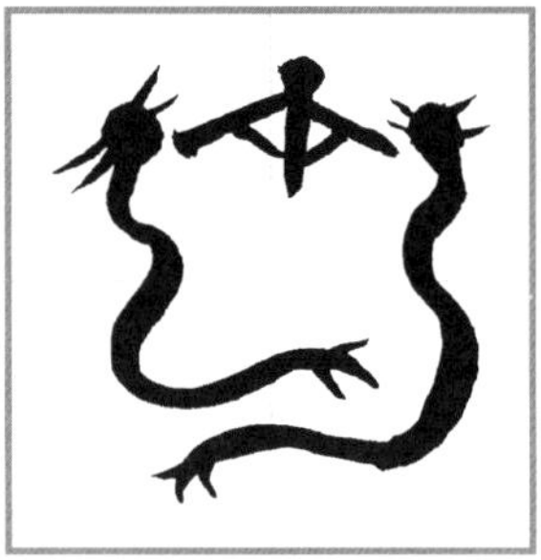

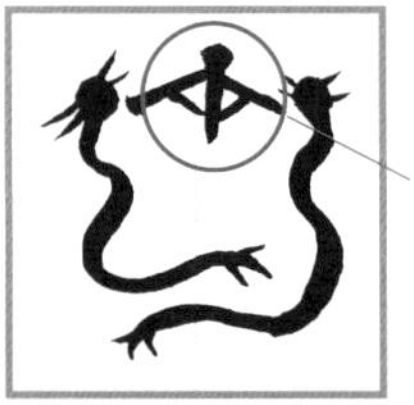

ここのみ
登場

片野流
パワーが宿る書き順

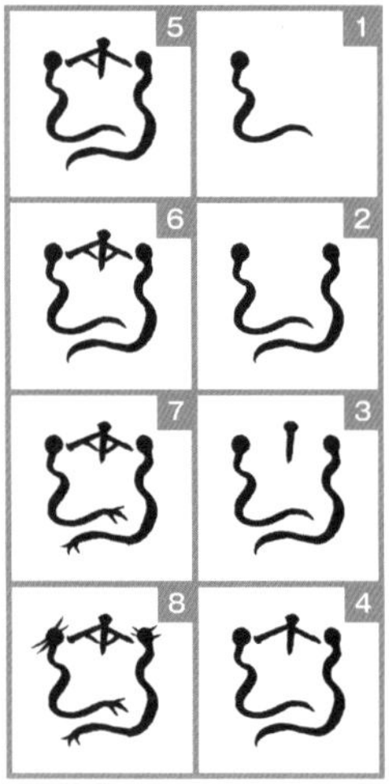

●なぞってみましょう

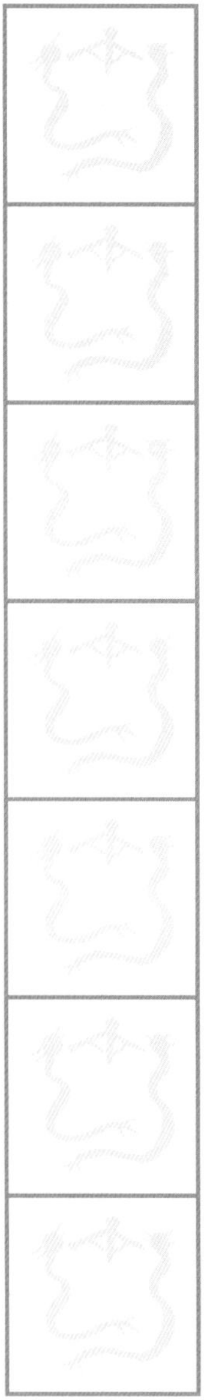

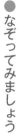

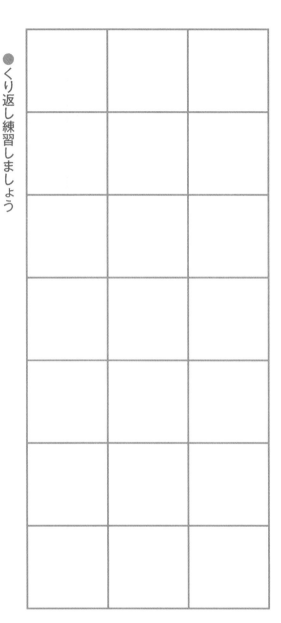

●くり返し練習しましょう

龍踊文字 へ

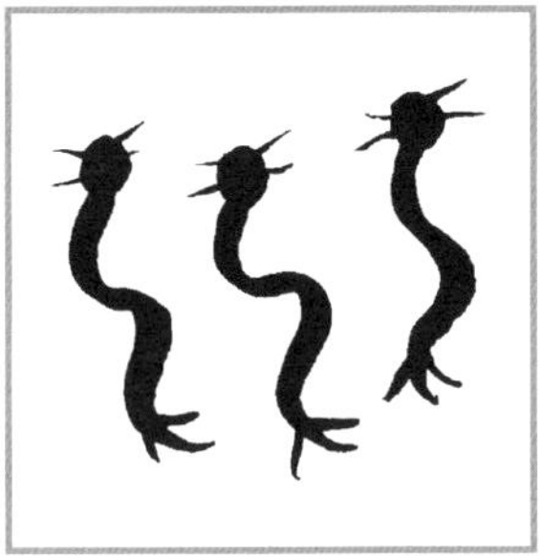

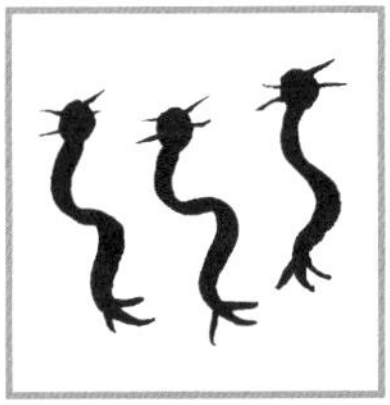

片野流
パワーが宿る書き順

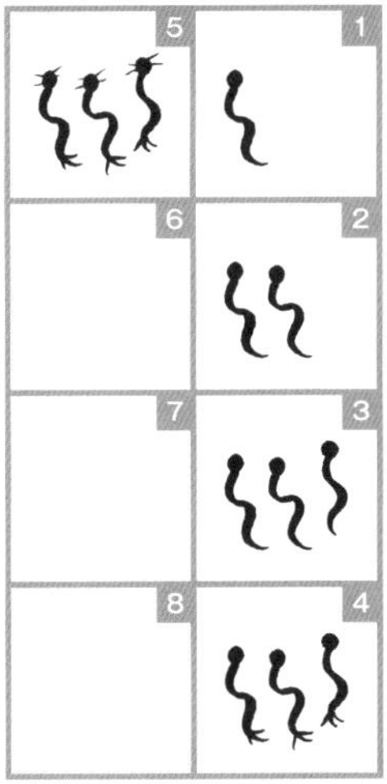

●なぞってみましょう

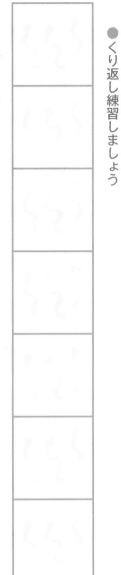

●くり返し練習しましょう

龍踊文字 ほ

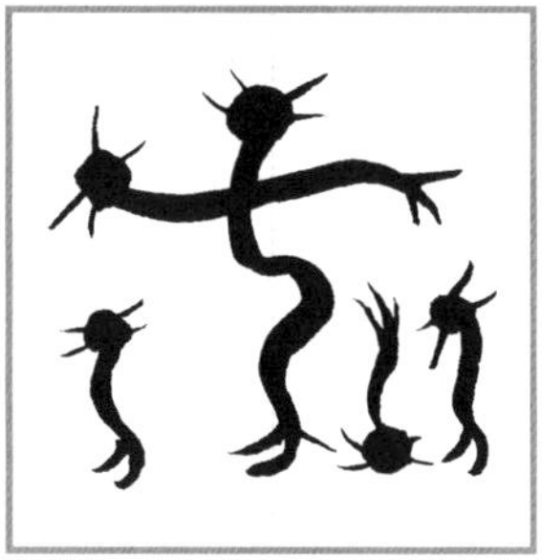

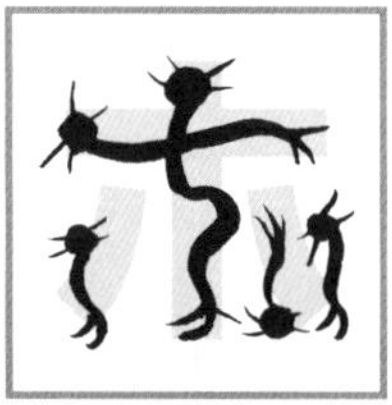

片野流
パワーが宿る書き順

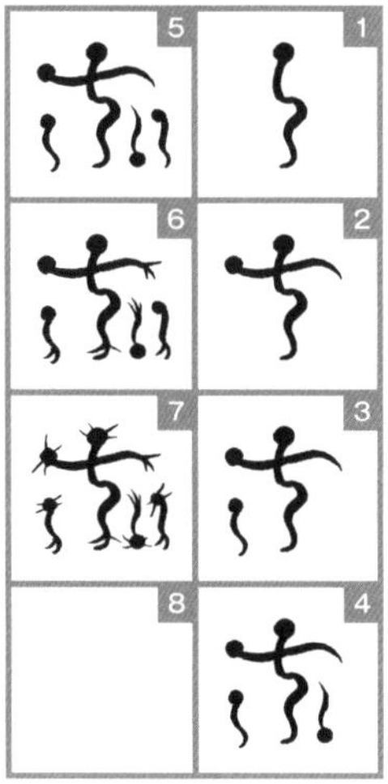

●なぞってみましょう

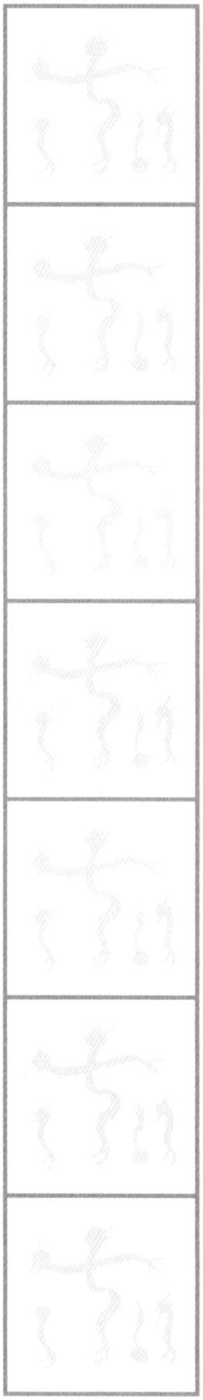

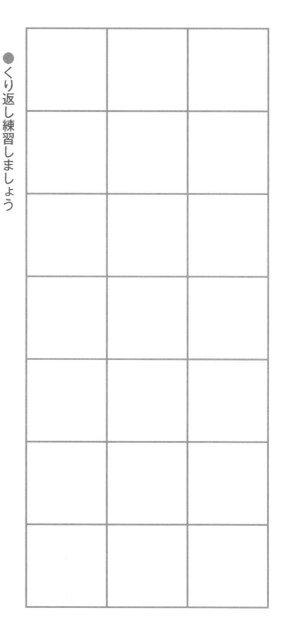

●くり返し練習しましょう

龍踊文字 な

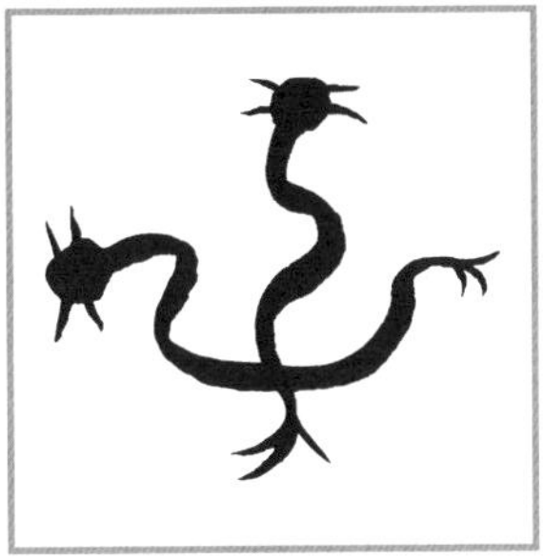

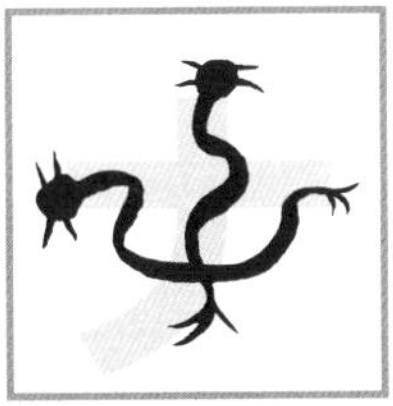

片野流 パワーが宿る書き順

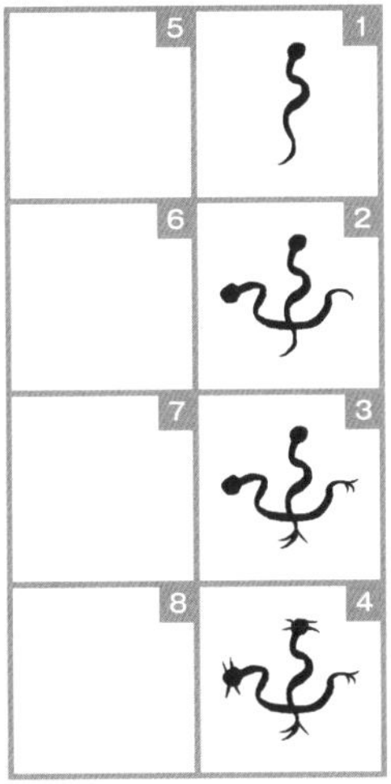

●なぞってみましょう

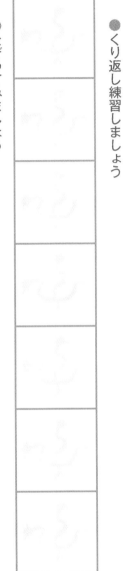

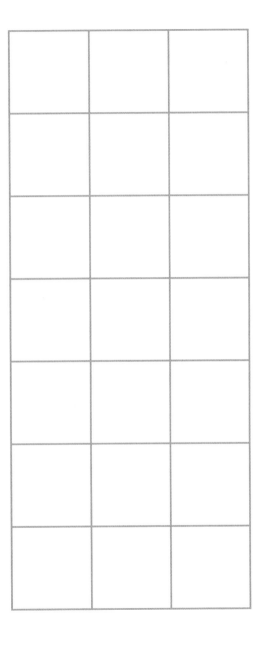

●くり返し練習しましょう

龍踊文字 に

片野流
パワーが宿る書き順

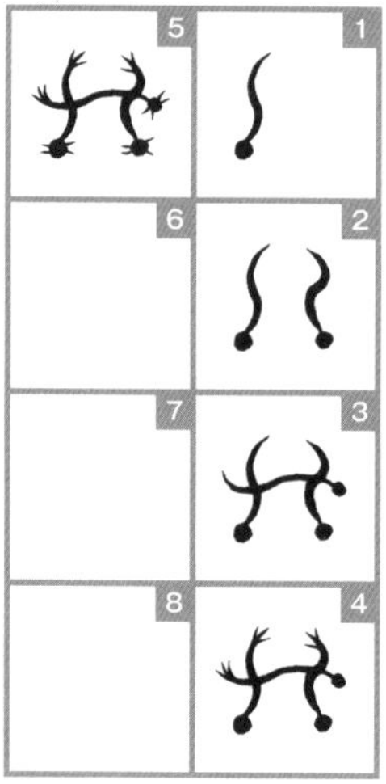

●なぞってみましょう

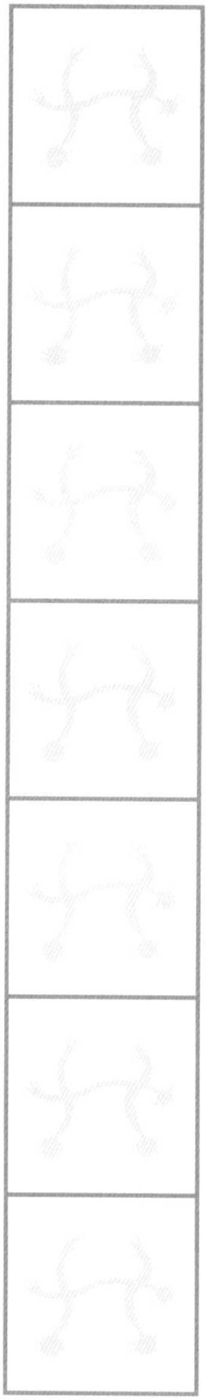

●くり返し練習しましょう

龍踊文字 ぬ

片野流
パワーが宿る書き順

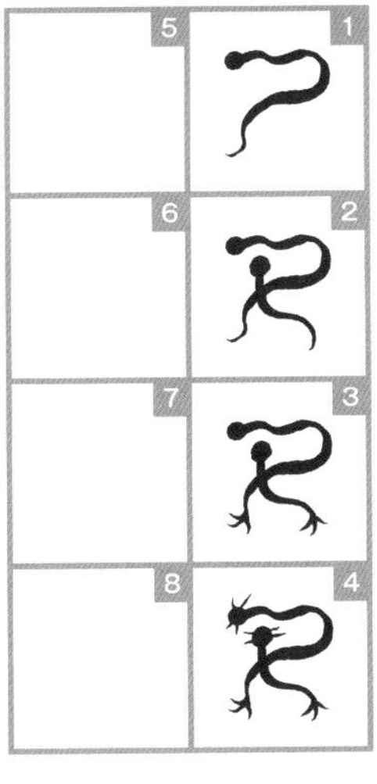

●なぞってみましょう

●くり返し練習しましょう

龍踊文字 ね

片野流
パワーが宿る書き順

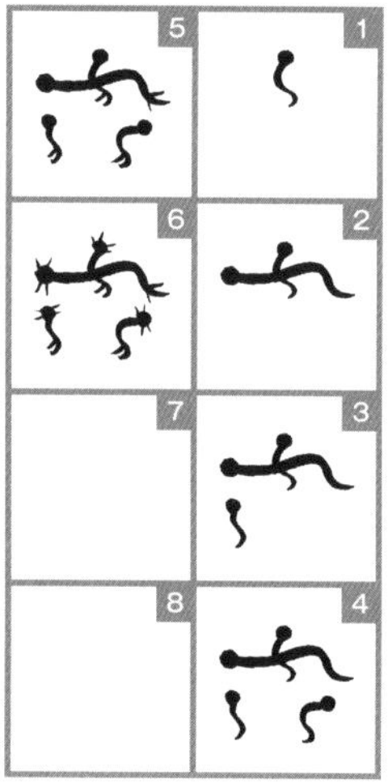

●なぞってみましょう

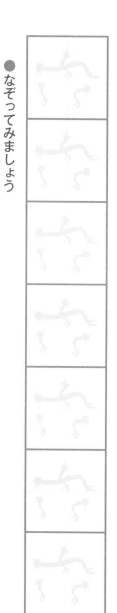

●くり返し練習しましょう

龍踊文字 の

「乃」に似ている

片野流
パワーが宿る書き順

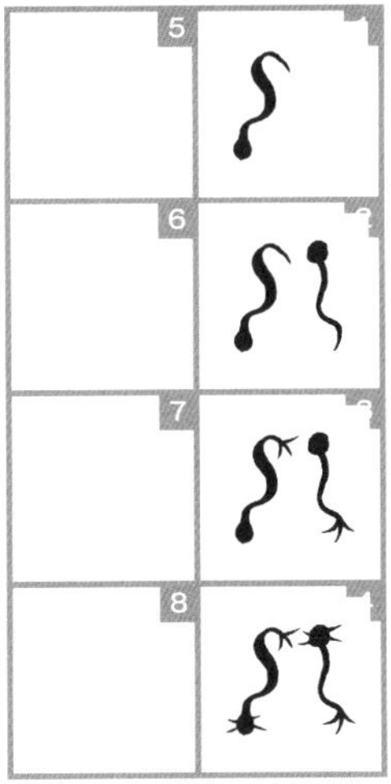

なぞってみましょう

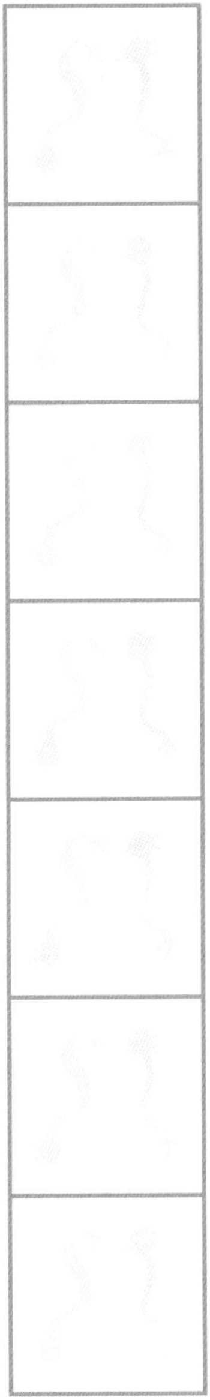

くり返し練習しましょう

龍踊文字 ま

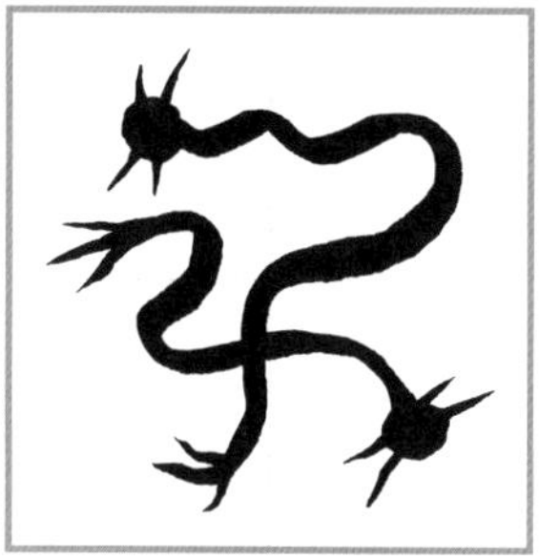

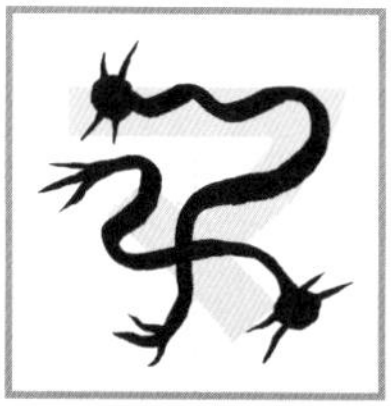

片野流
パワーが宿る書き順

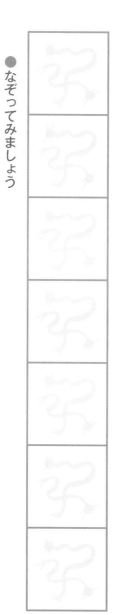

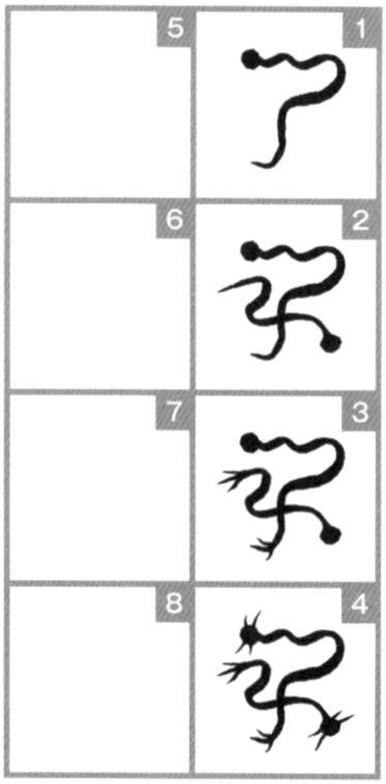

●なぞってみましょう

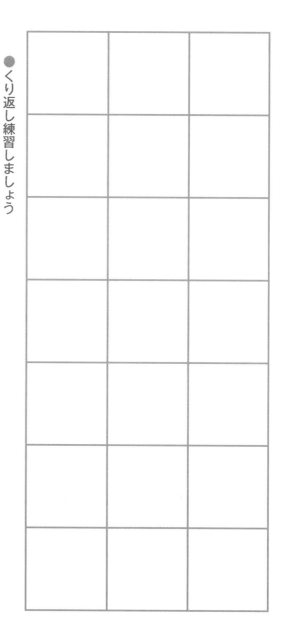

●くり返し練習しましょう

龍踊文字 み

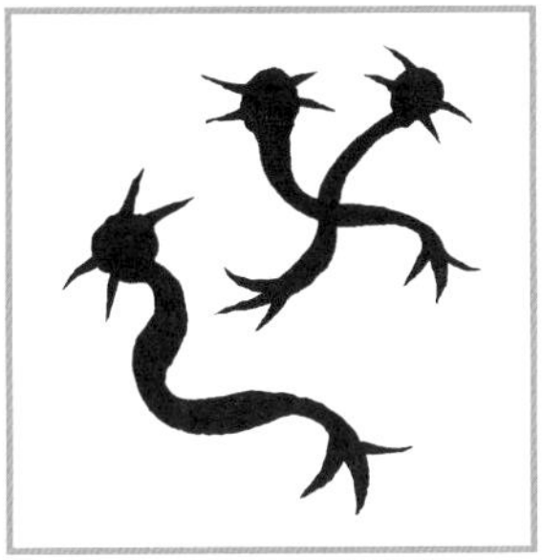

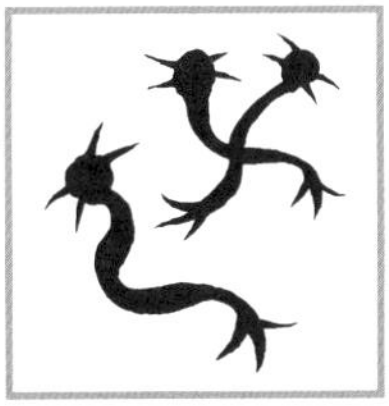

片野流
パワーが宿る書き順

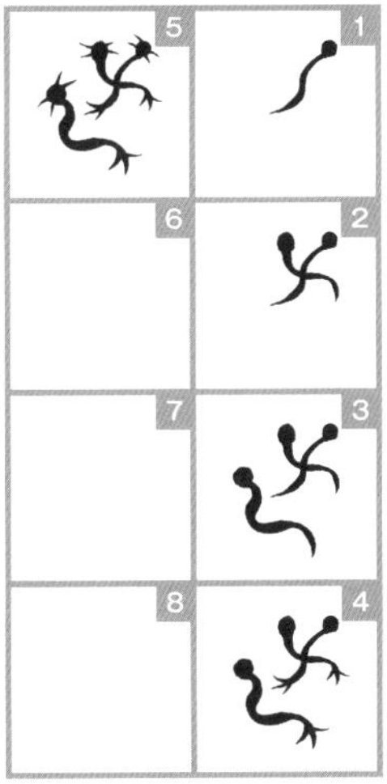

なぞってみましょう

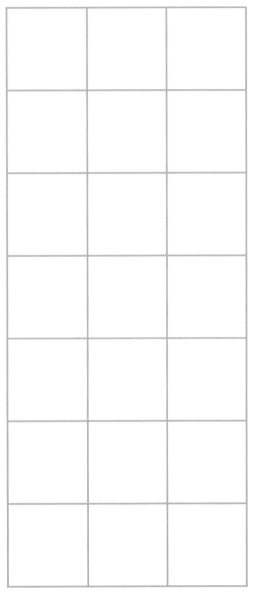

くり返し練習しましょう

龍踊文字 む

片野流
パワーが宿る書き順

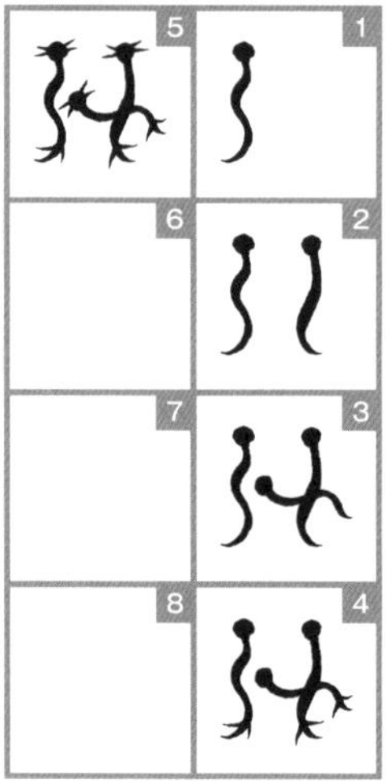

●なぞってみましょう

●くり返し練習しましょう

龍踊文字 め

片野流
パワーが宿る書き順

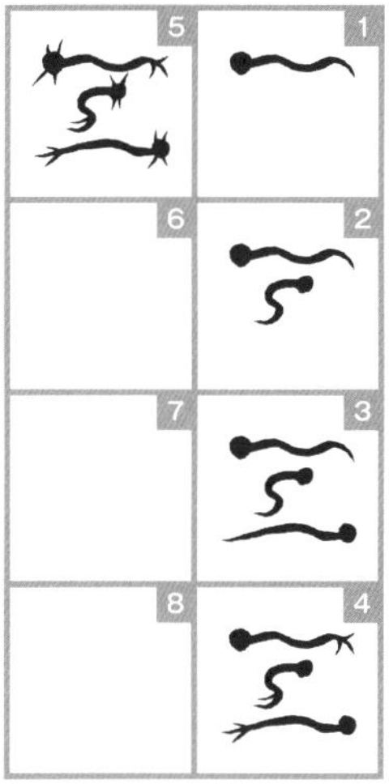

●なぞってみましょう

●くり返し練習しましょう

龍踊文字 も

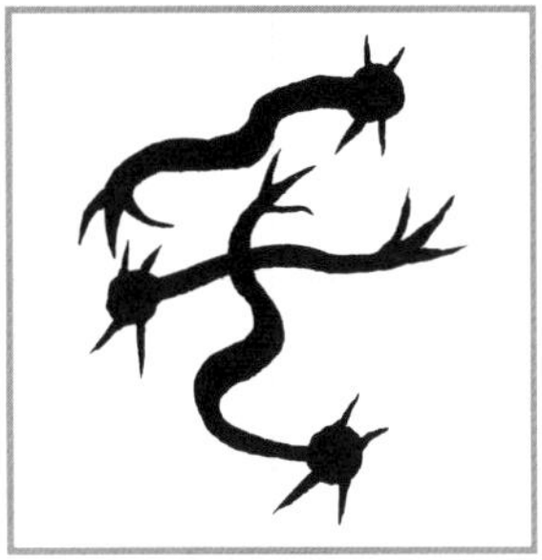

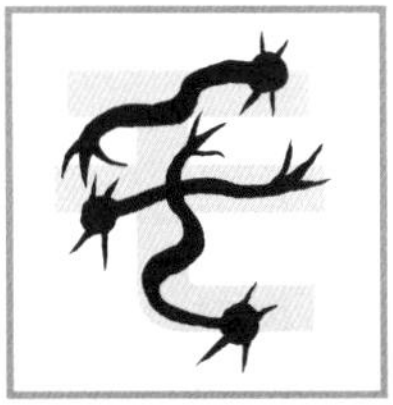

片野流
パワーが宿る書き順

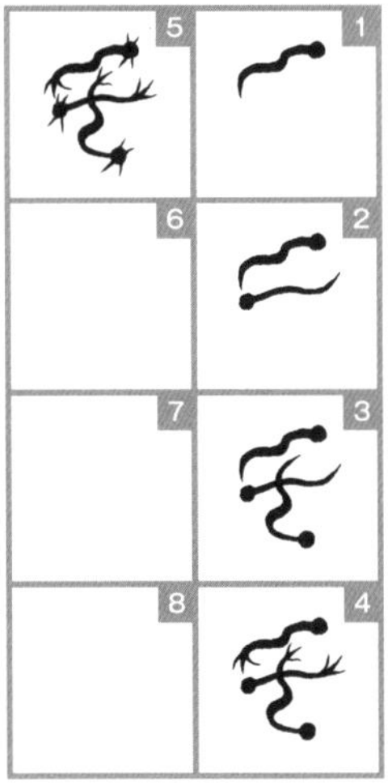

● なぞってみましょう

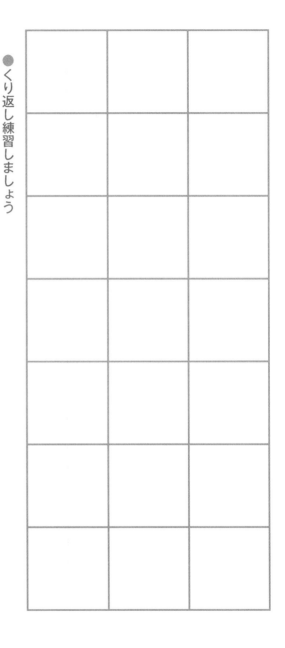

● くり返し練習しましょう

龍踊文字 た

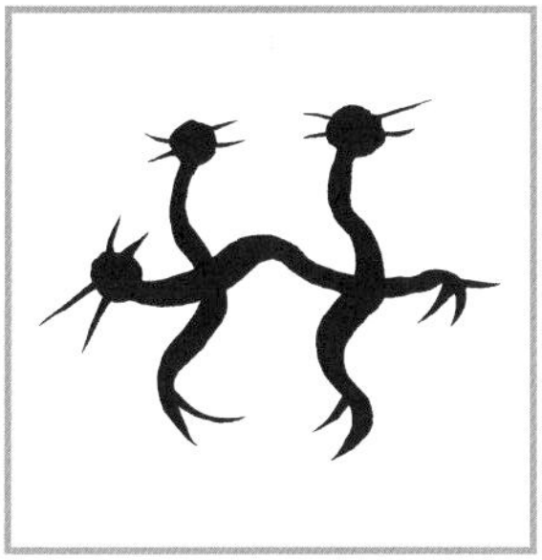

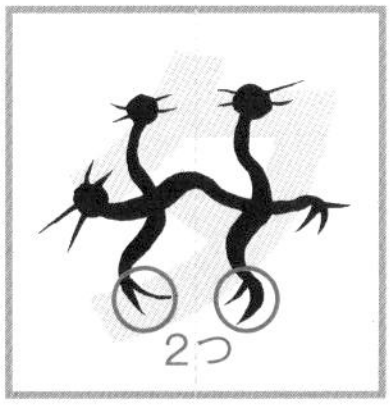

片野流
パワーが宿る書き順

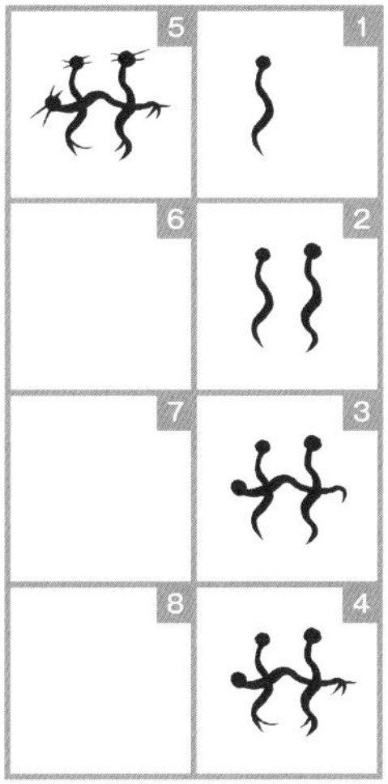

●なぞってみましょう

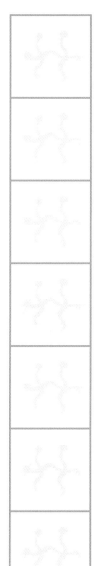

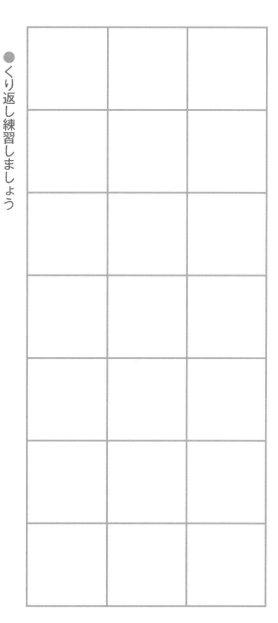

●くり返し練習しましょう

龍踊文字 ち

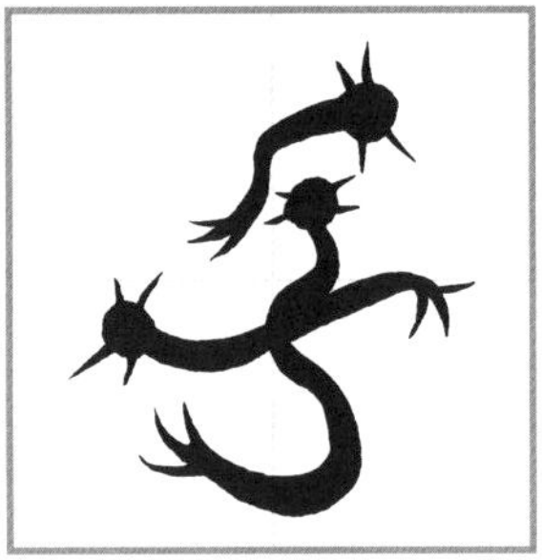

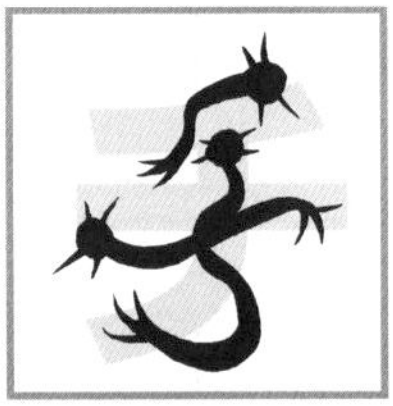

片野流
パワーが宿る書き順

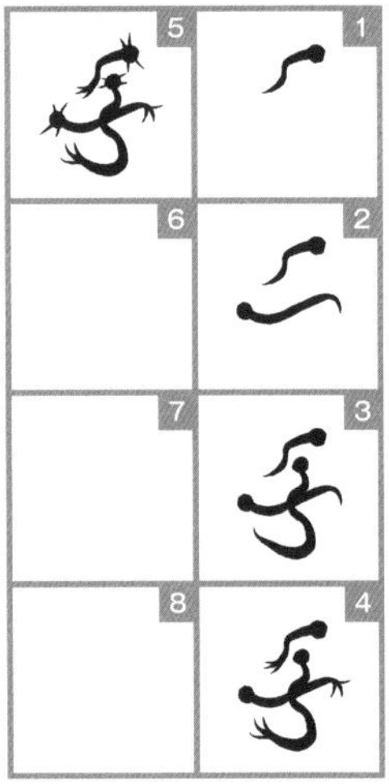

●なぞってみましょう

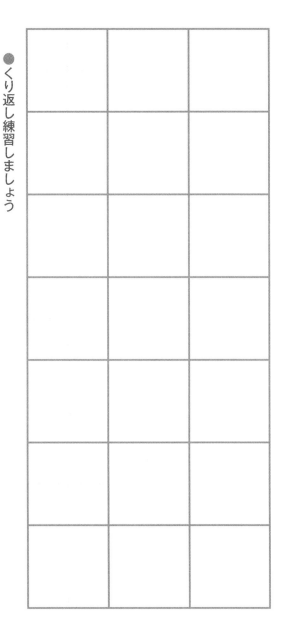

●くり返し練習しましょう

龍踊文字 つ

片野流
パワーが宿る書き順

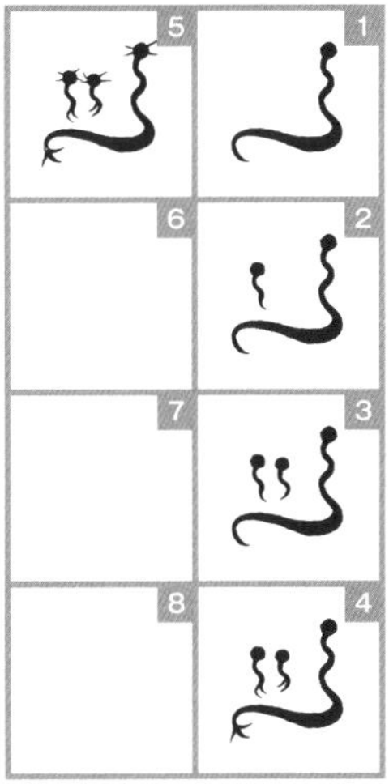

●なぞってみましょう

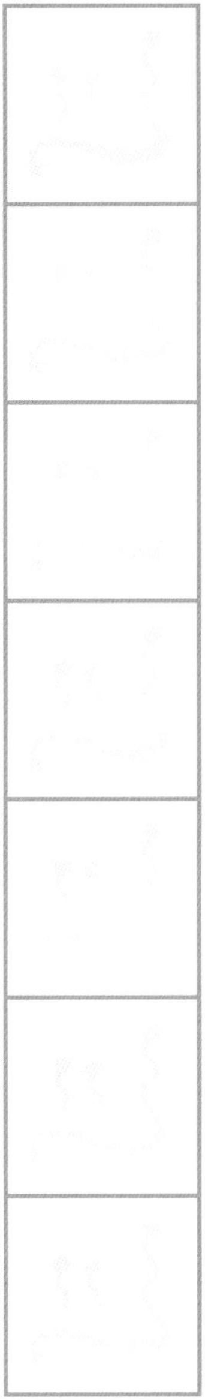

●くり返し練習しましょう

た
てち
とつ

龍踊文字 て

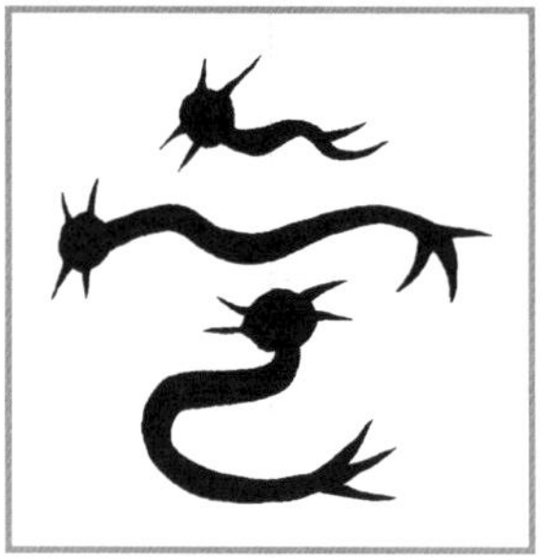

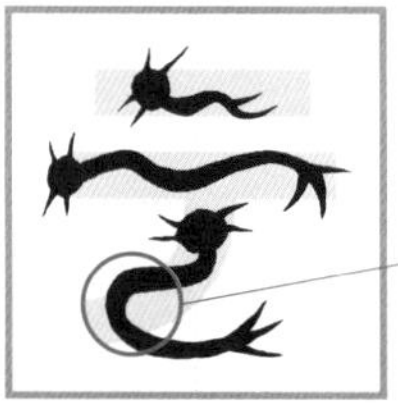

「テ」とは反対側に流す

片野流 パワーが宿る書き順

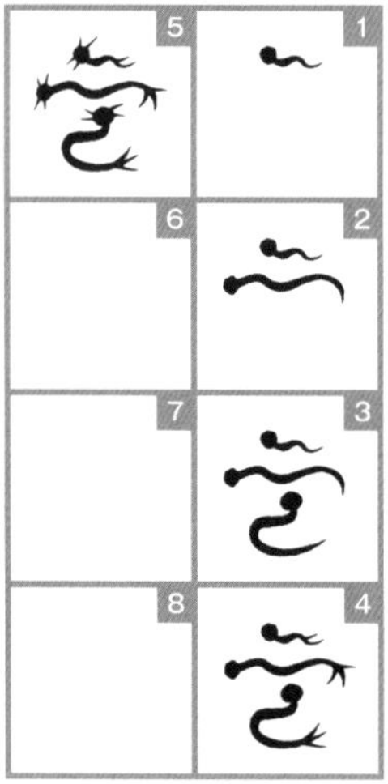

●なぞってみましょう

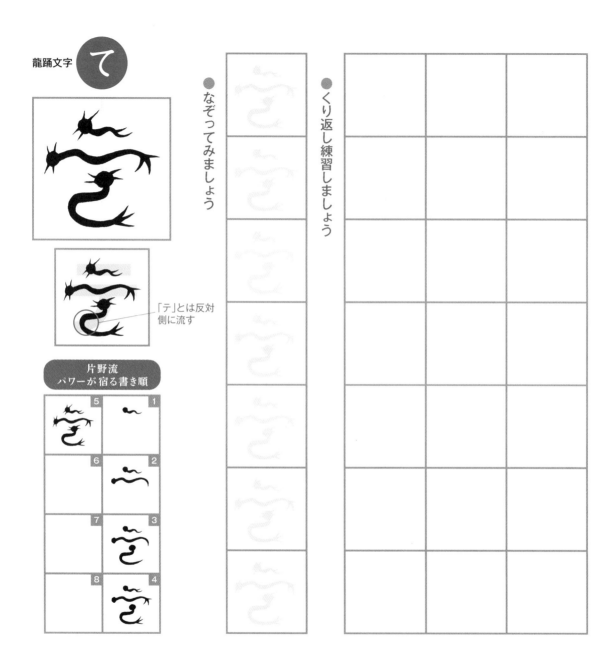

●くり返し練習しましょう

龍踊文字 と

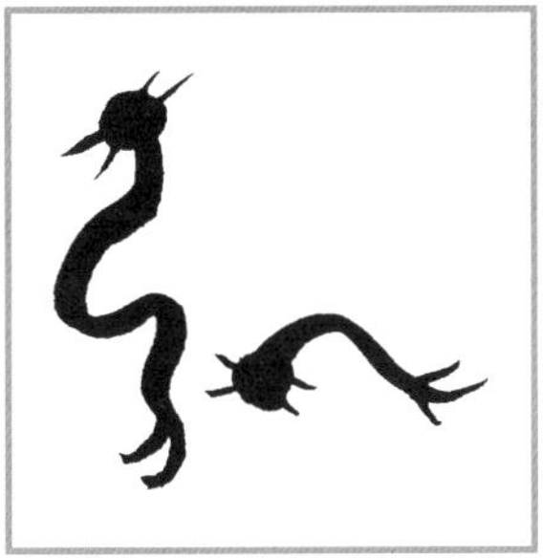

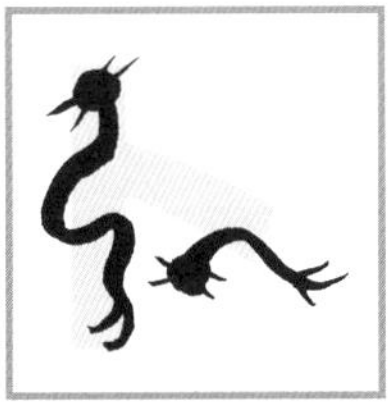

片野流
パワーが宿る書き順

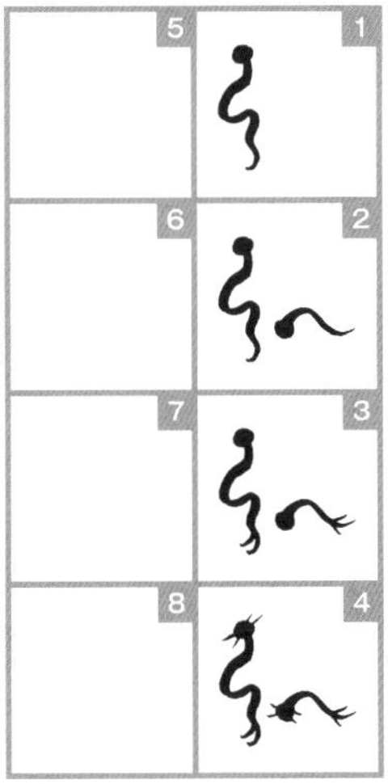

●なぞってみましょう

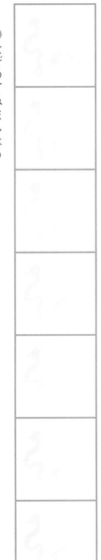

●くり返し練習しましょう

龍踊文字 ら

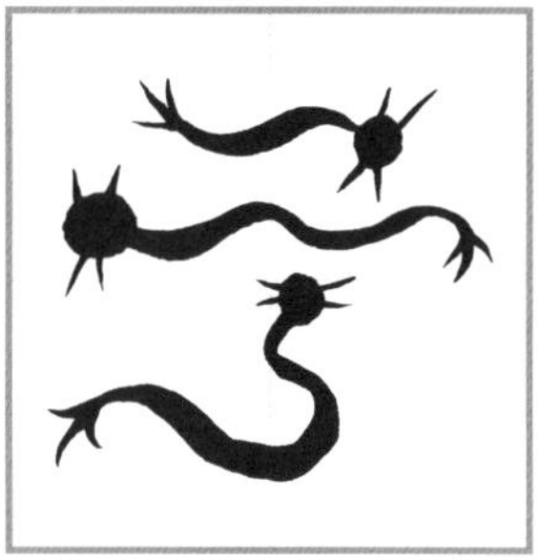

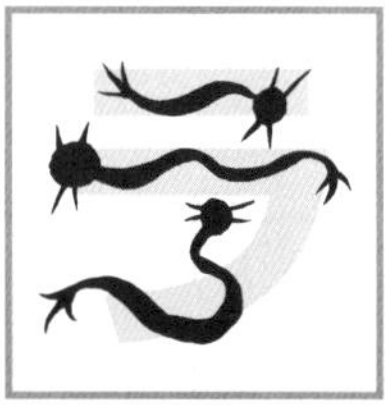

片野流 パワーが宿る書き順

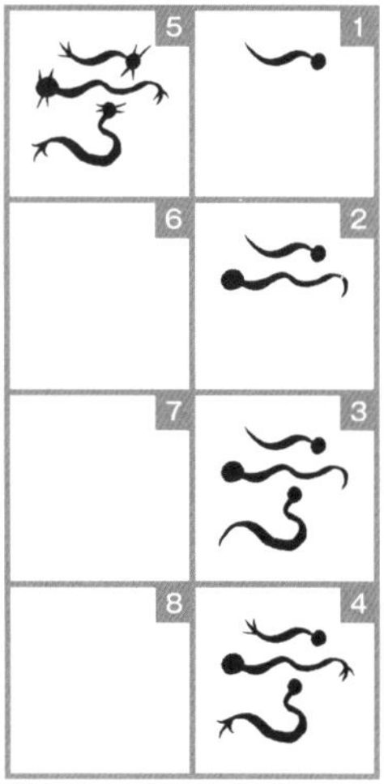

●なぞってみましょう

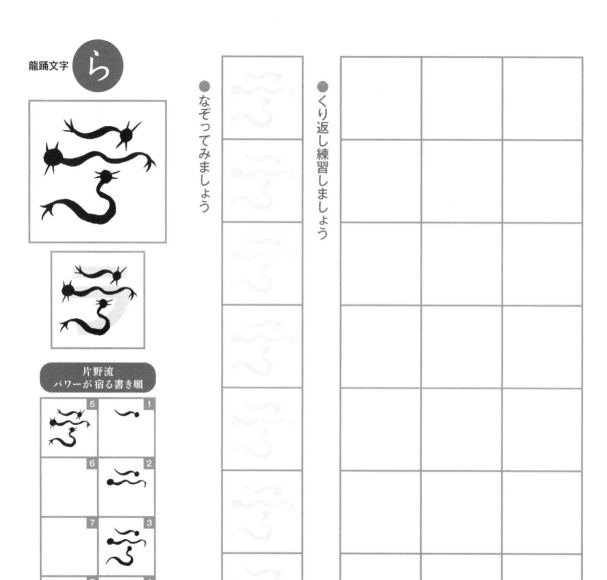

●くり返し練習しましょう

龍踊文字 り

片野流
パワーが宿る書き順

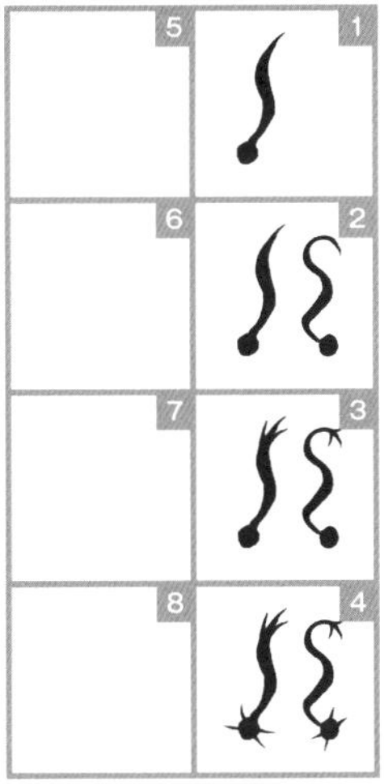

●なぞってみましょう

●くり返し練習しましょう

龍踊文字 る

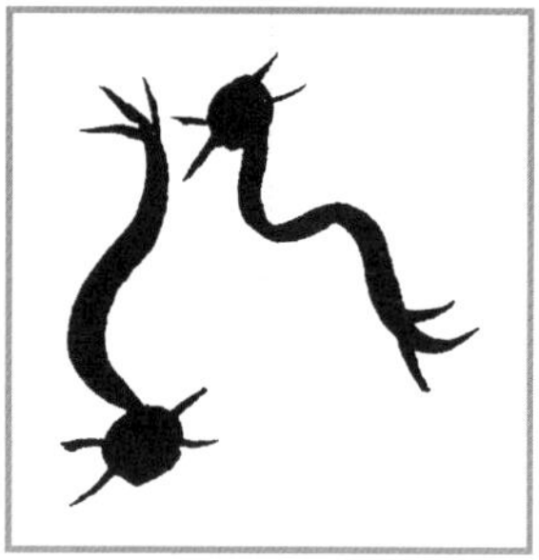

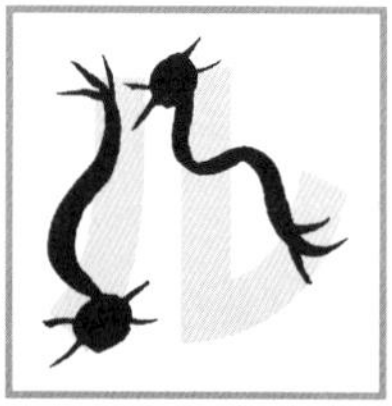

片野流
パワーが宿る書き順

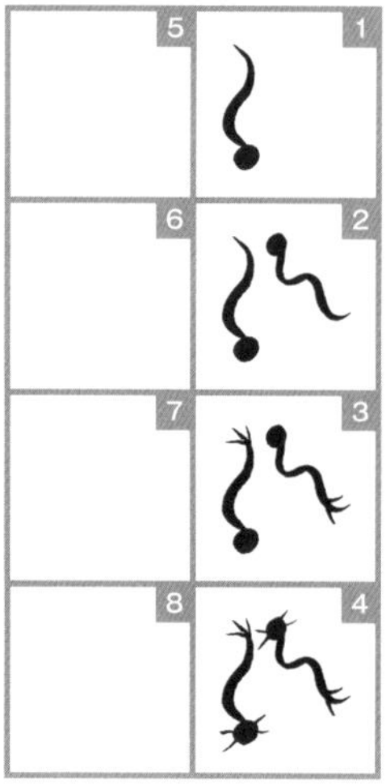

● なぞってみましょう

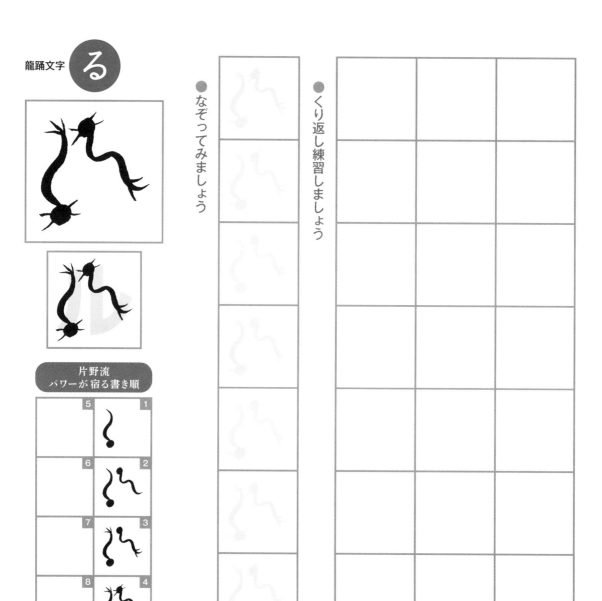

● くり返し練習しましょう

龍踊文字 れ

片野流
パワーが宿る書き順

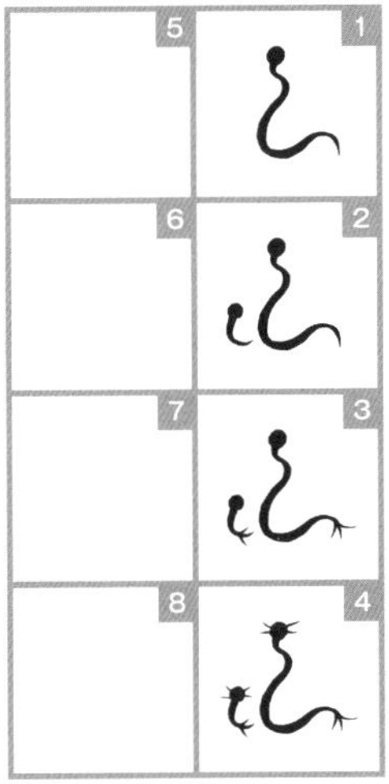

●なぞってみましょう

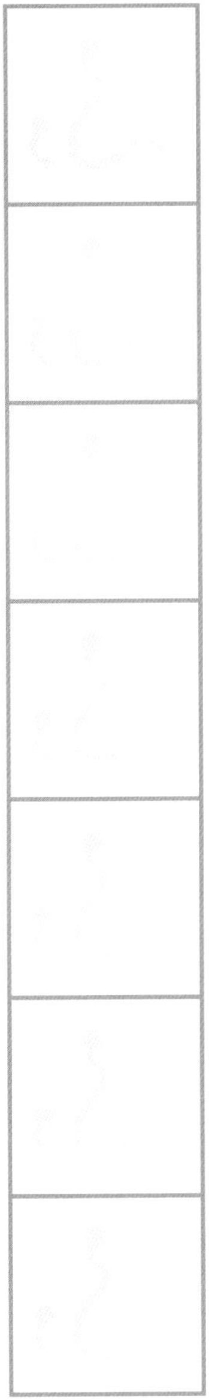

●くり返し練習しましょう

龍踊文字 ろ

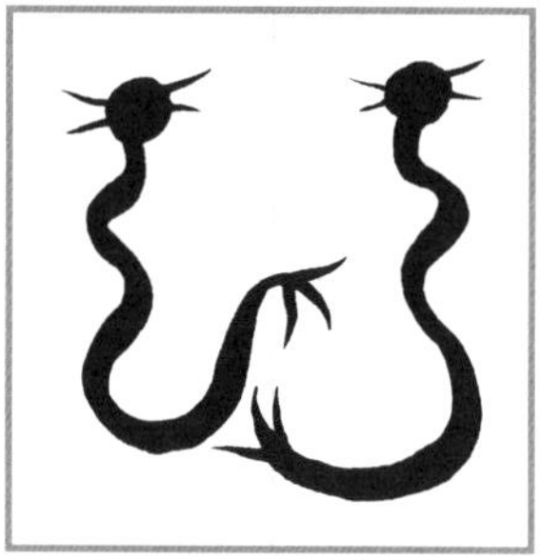

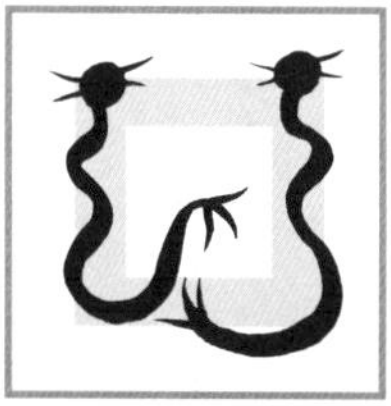

片野流
パワーが宿る書き順

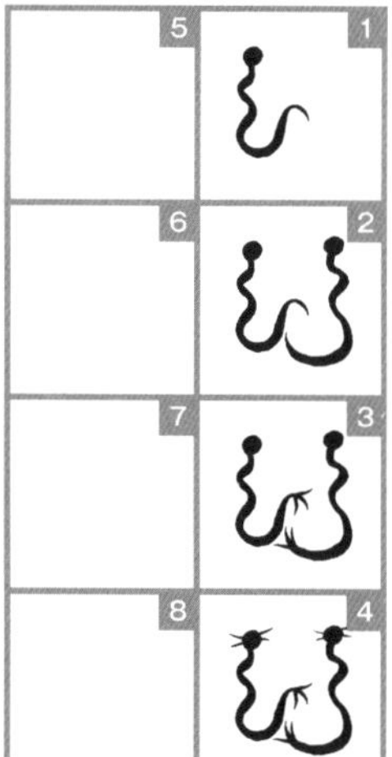

●なぞってみましょう

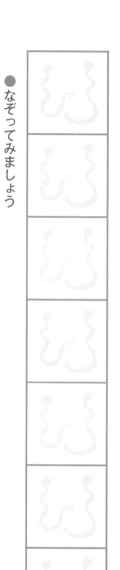

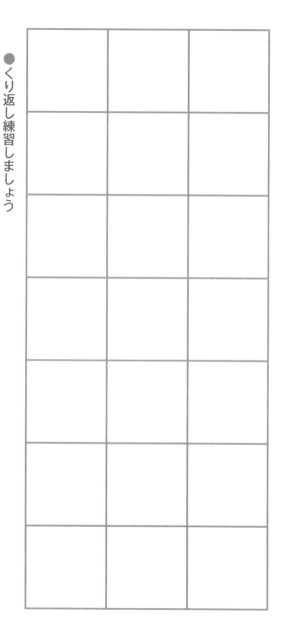

●くり返し練習しましょう

龍踊文字 さ

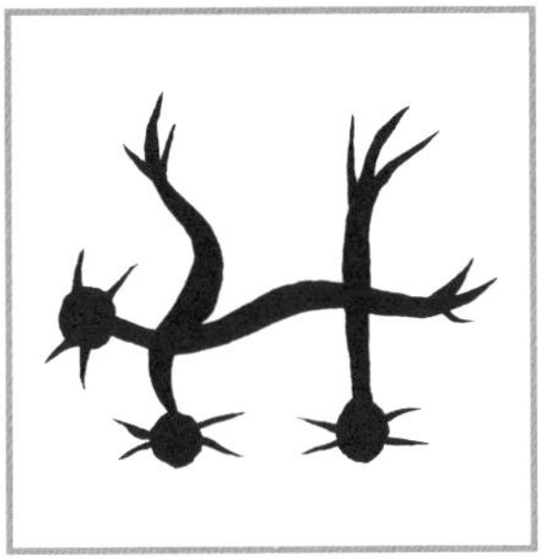

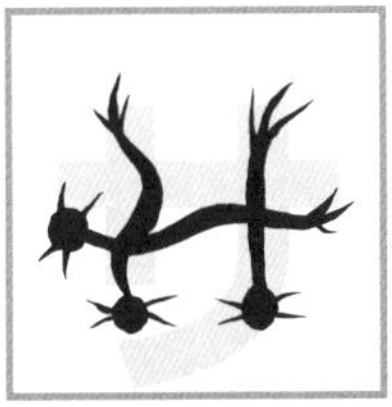

片野流
パワーが宿る書き順

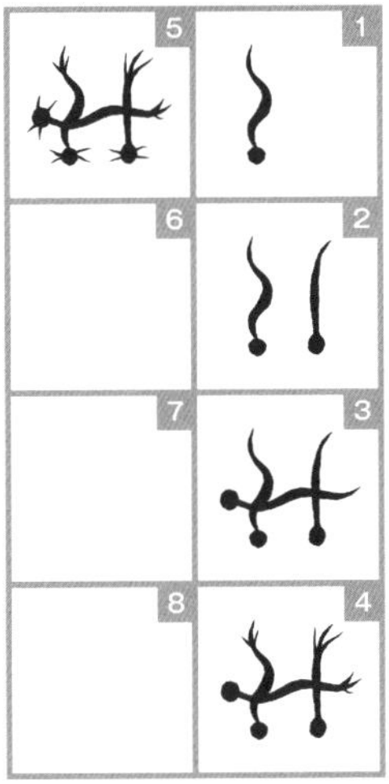

なぞってみましょう

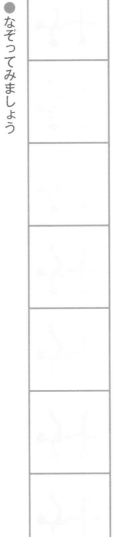

くり返し練習しましょう

龍踊文字 し

片野流
パワーが宿る書き順

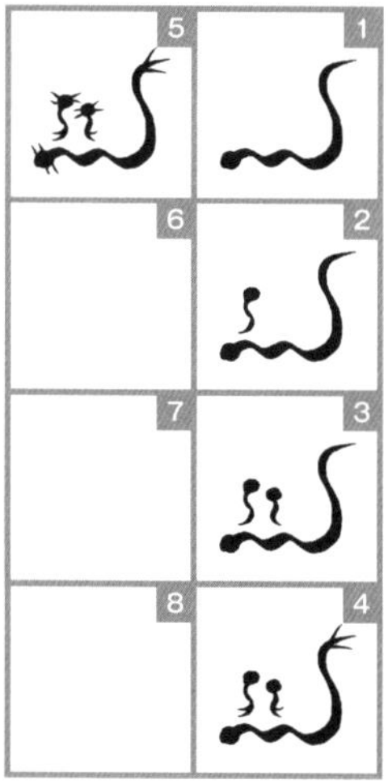

●なぞってみましょう

●くり返し練習しましょう

龍踊文字 す

**片野流
パワーが宿る書き順**

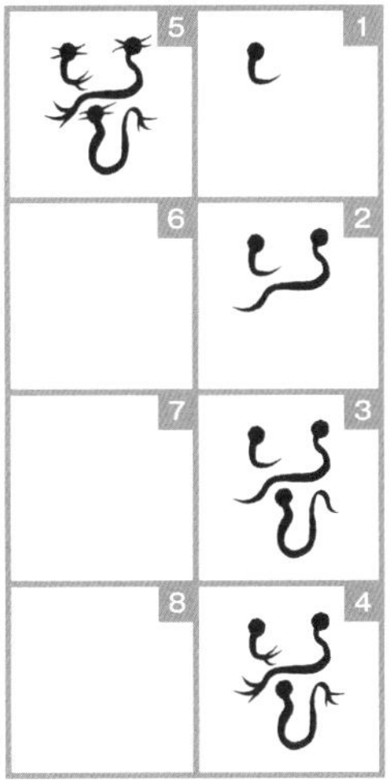

なぞってみましょう

くり返し練習しましょう

龍踊文字 せ

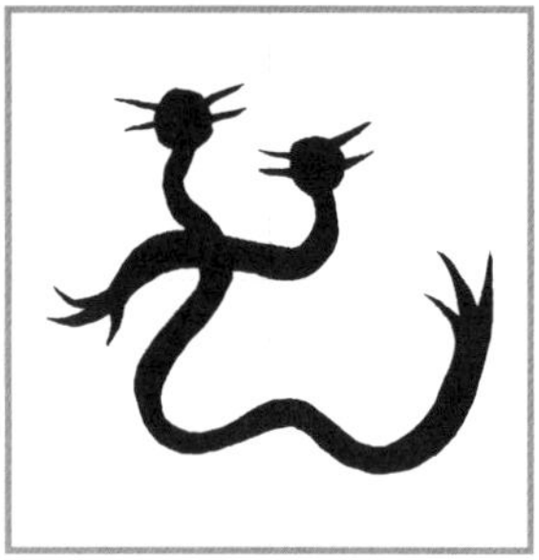

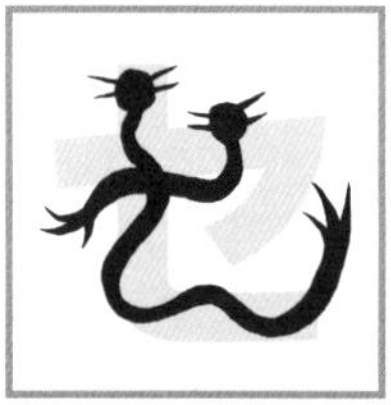

片野流
パワーが宿る書き順

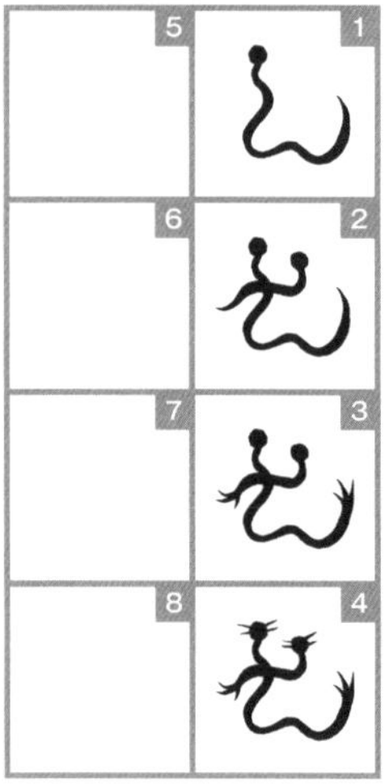

●なぞってみましょう

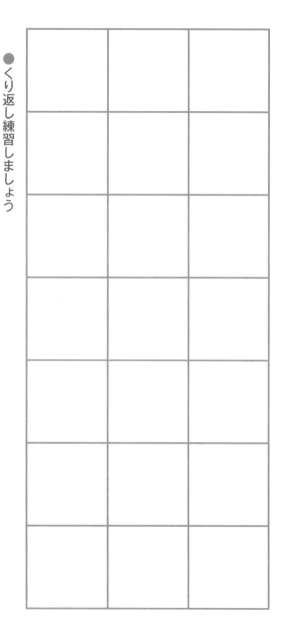

●くり返し練習しましょう

龍踊文字 そ

片野流
パワーが宿る書き順

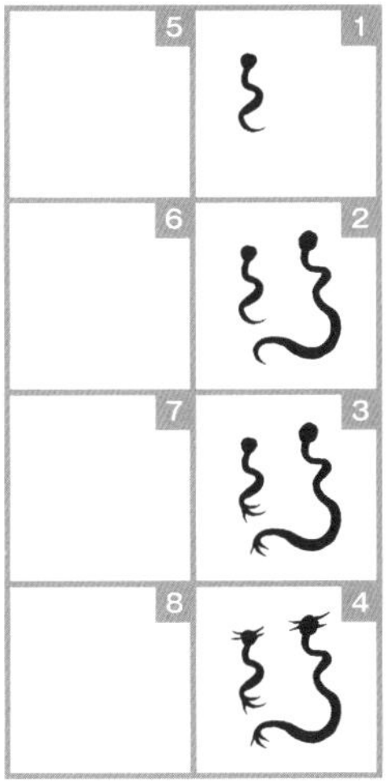

●なぞってみましょう

●くり返し練習しましょう

龍踊文字 や

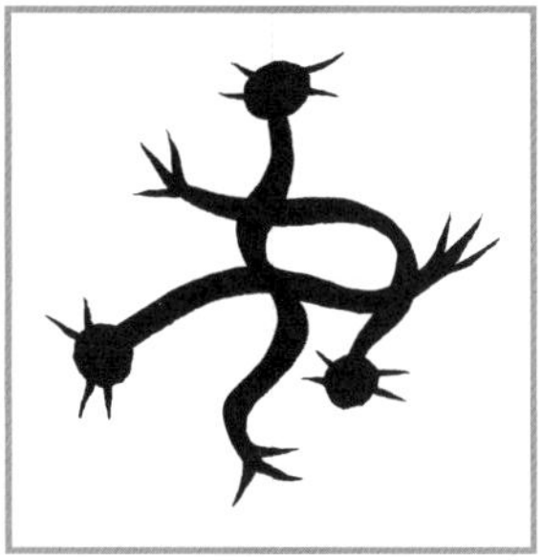

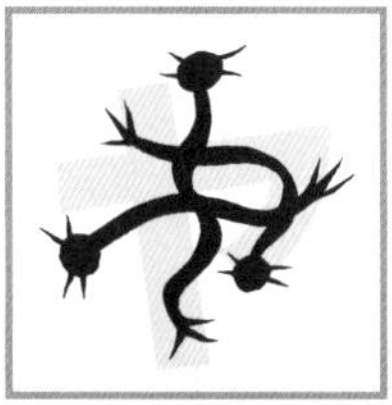

片野流 パワーが宿る書き順

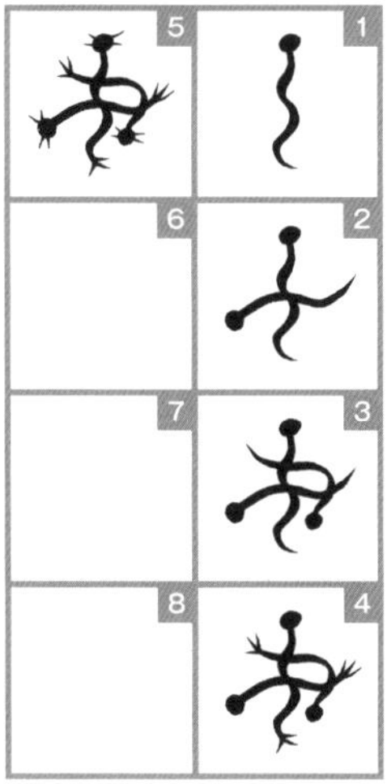

●なぞってみましょう

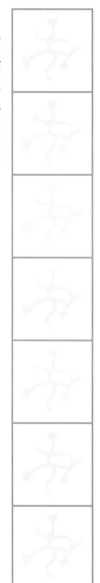

●くり返し練習しましょう

龍踊文字 ゐ

**片野流
パワーが宿る書き順**

●なぞってみましょう

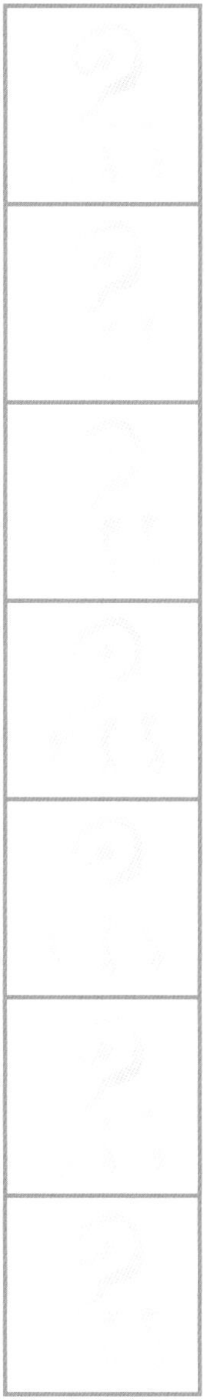

●くり返し練習しましょう

龍踊文字 ゆ

片野流
パワーが宿る書き順

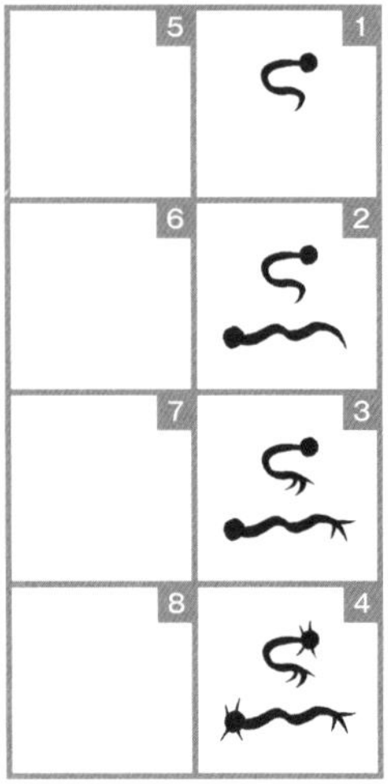

●なぞってみましょう

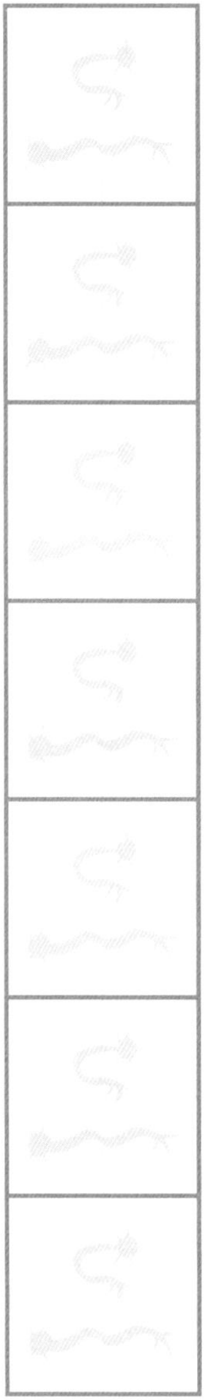

●くり返し練習しましょう

龍踊文字 ゑ

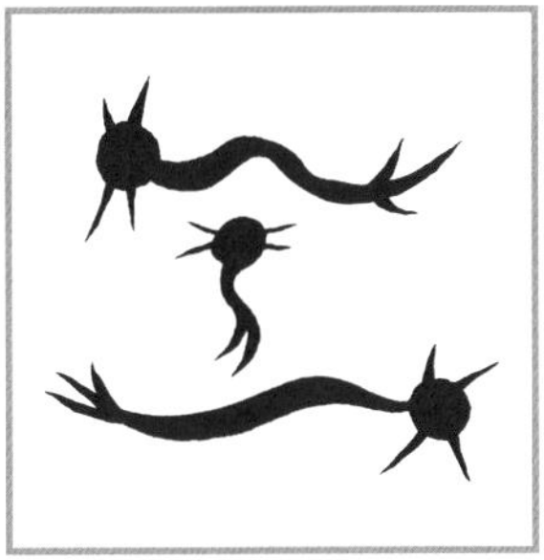

片野流 パワーが宿る書き順

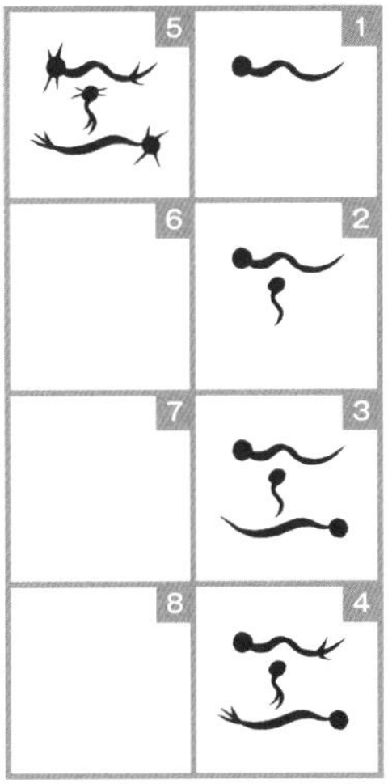

● なぞってみましょう

● くり返し練習しましょう

龍踊文字 よ

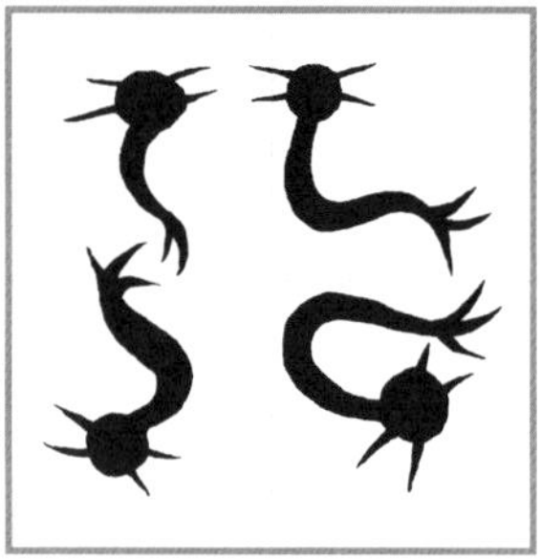

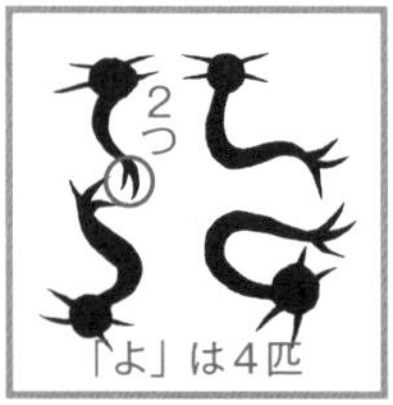

片野流
パワーが宿る書き順

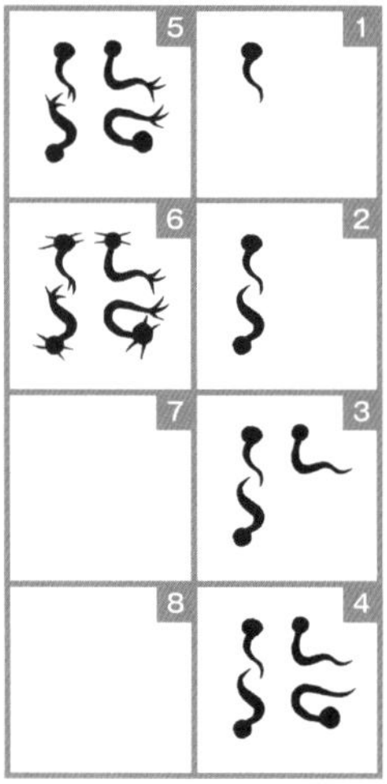

●なぞってみましょう

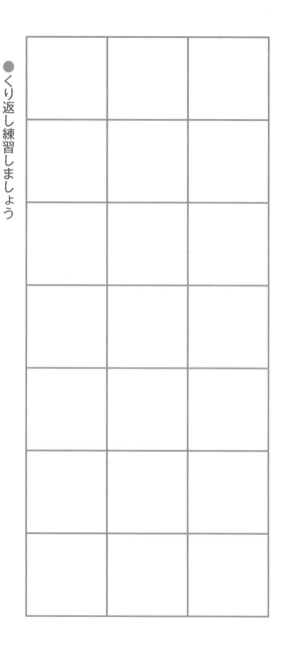

●くり返し練習しましょう

龍踊文字 わ

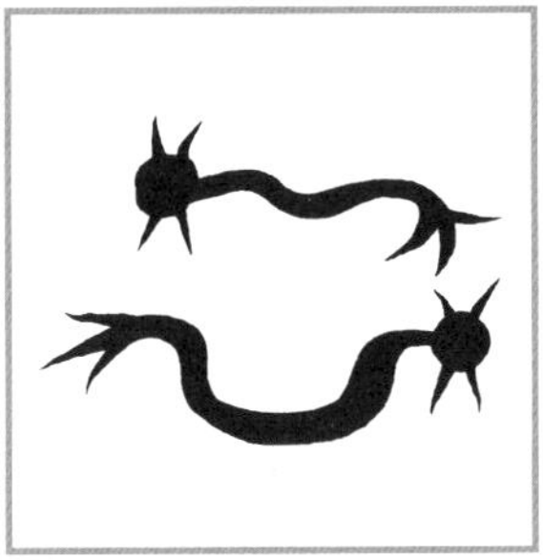

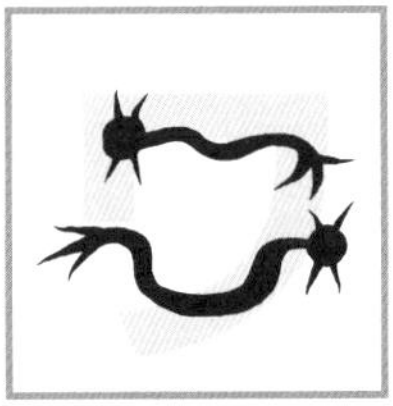

片野流 パワーが宿る書き順

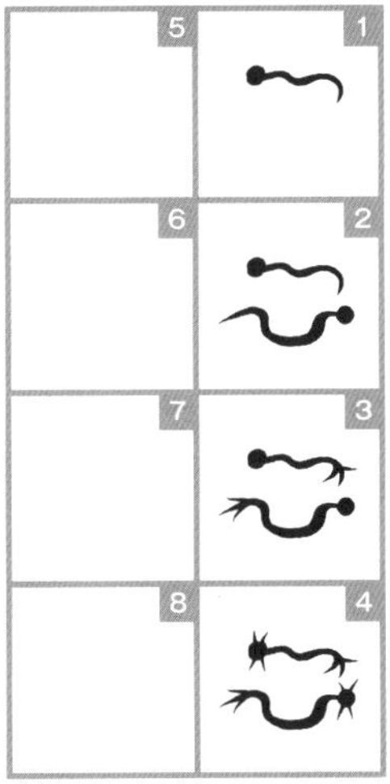

なぞってみましょう

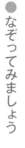

くり返し練習しましょう

龍踊文字 い

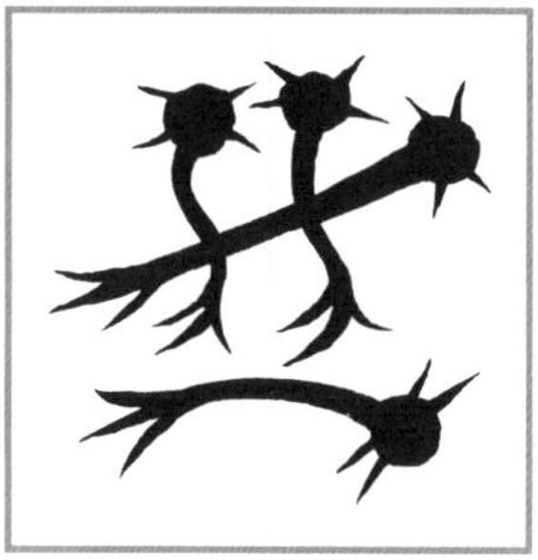

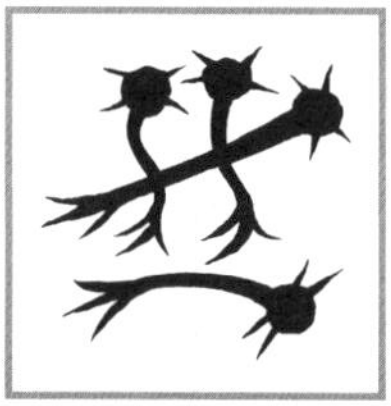

片野流
パワーが宿る書き順

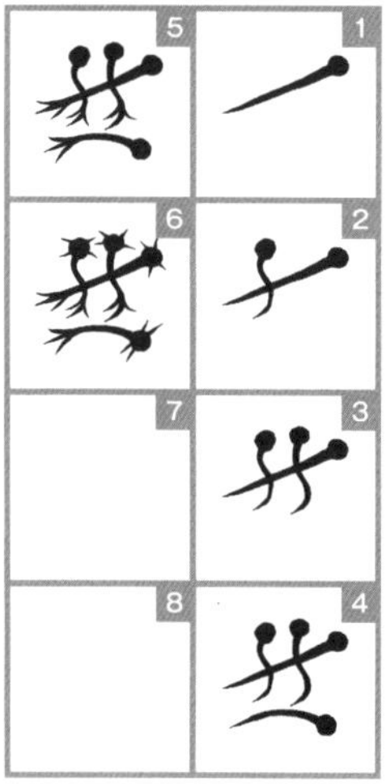

なぞってみましょう

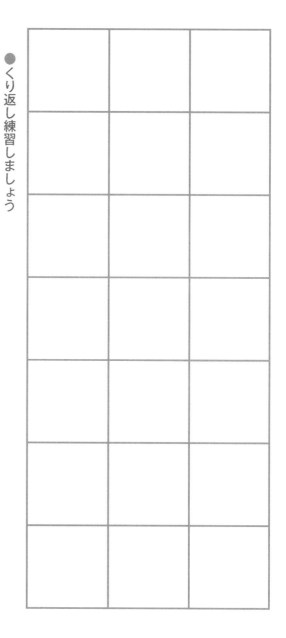

くり返し練習しましょう

龍踊文字 う

片野流
パワーが宿る書き順

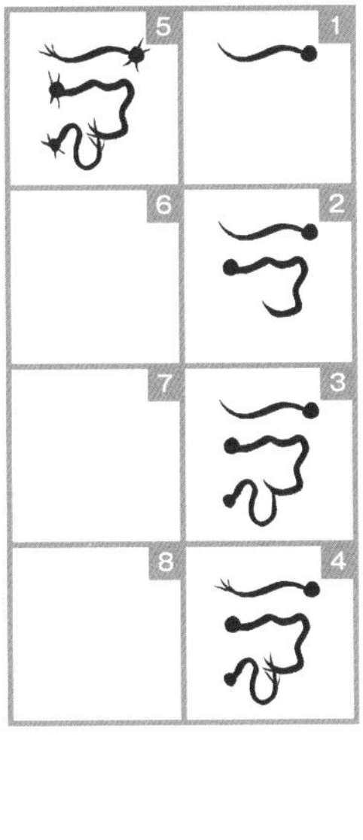

●なぞってみましょう

●くり返し練習しましょう

龍踊文字 え

**片野流
パワーが宿る書き順**

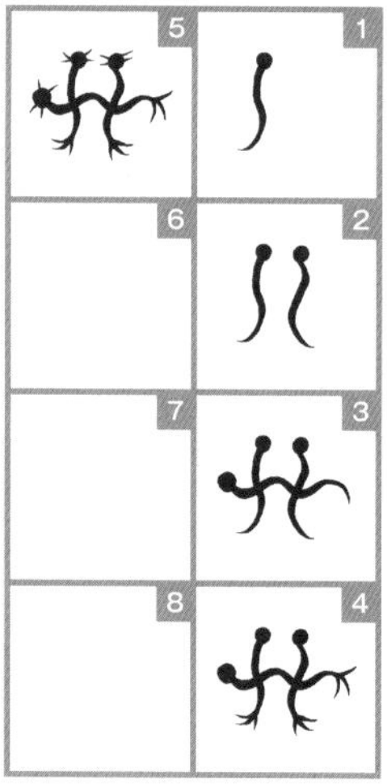

●なぞってみましょう

●くり返し練習しましょう

龍踊文字 を

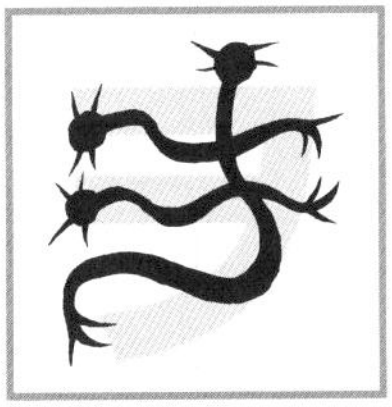

片野流
パワーが宿る書き順

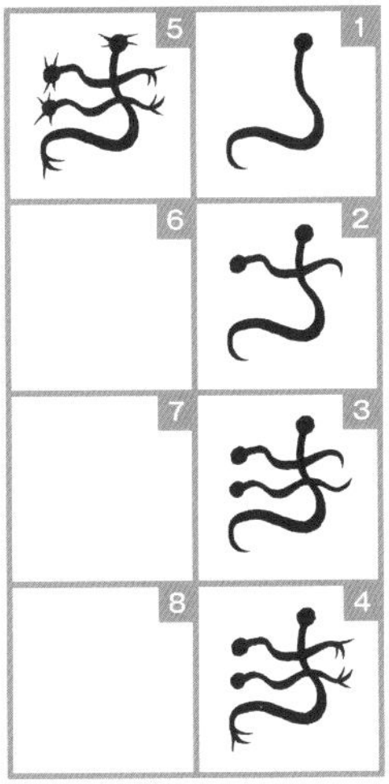

●なぞってみましょう

●くり返し練習しましょう

龍踊文字 ん

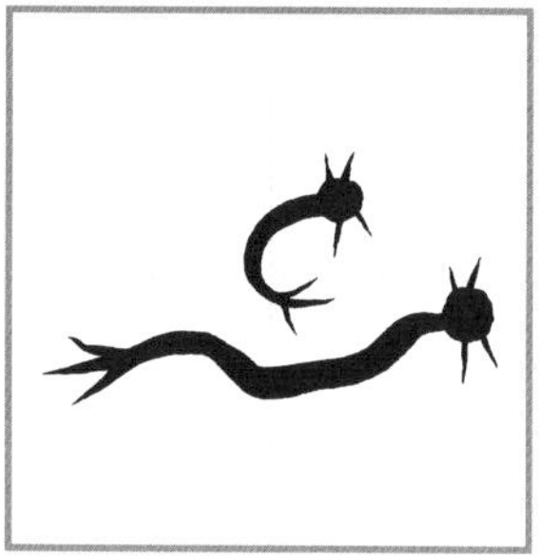

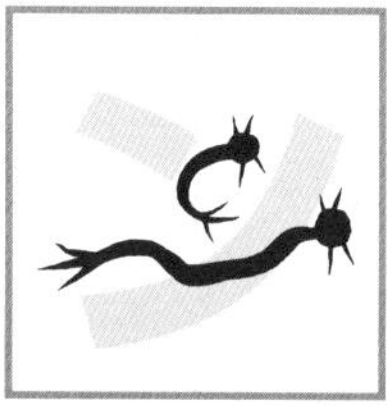

片野流
パワーが宿る書き順

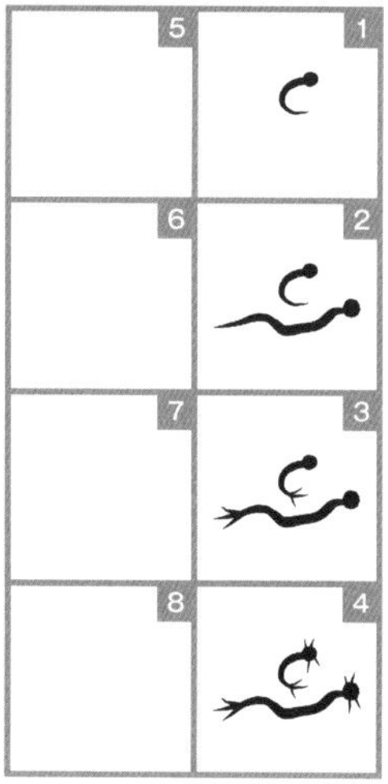

●なぞってみましょう

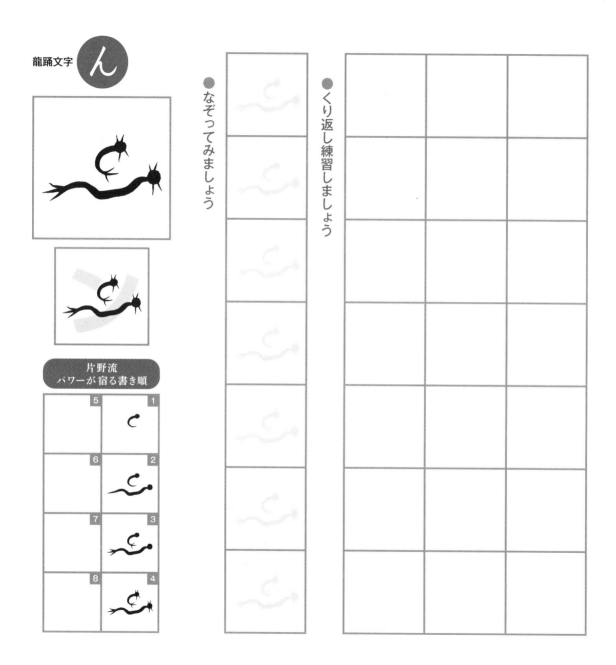

●くり返し練習しましょう

龍踊文字 ん

片野流
パワーが宿る書き順

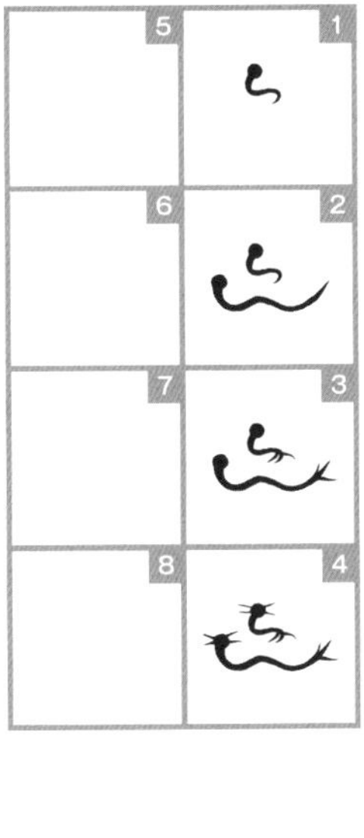

● なぞってみましょう

● くり返し練習しましょう

ん
ん ん

ひふみ祝詞

●なぞってみましょう

ひふみ

よいむなや

こともちろらね

しきる

ゆゐつわぬ

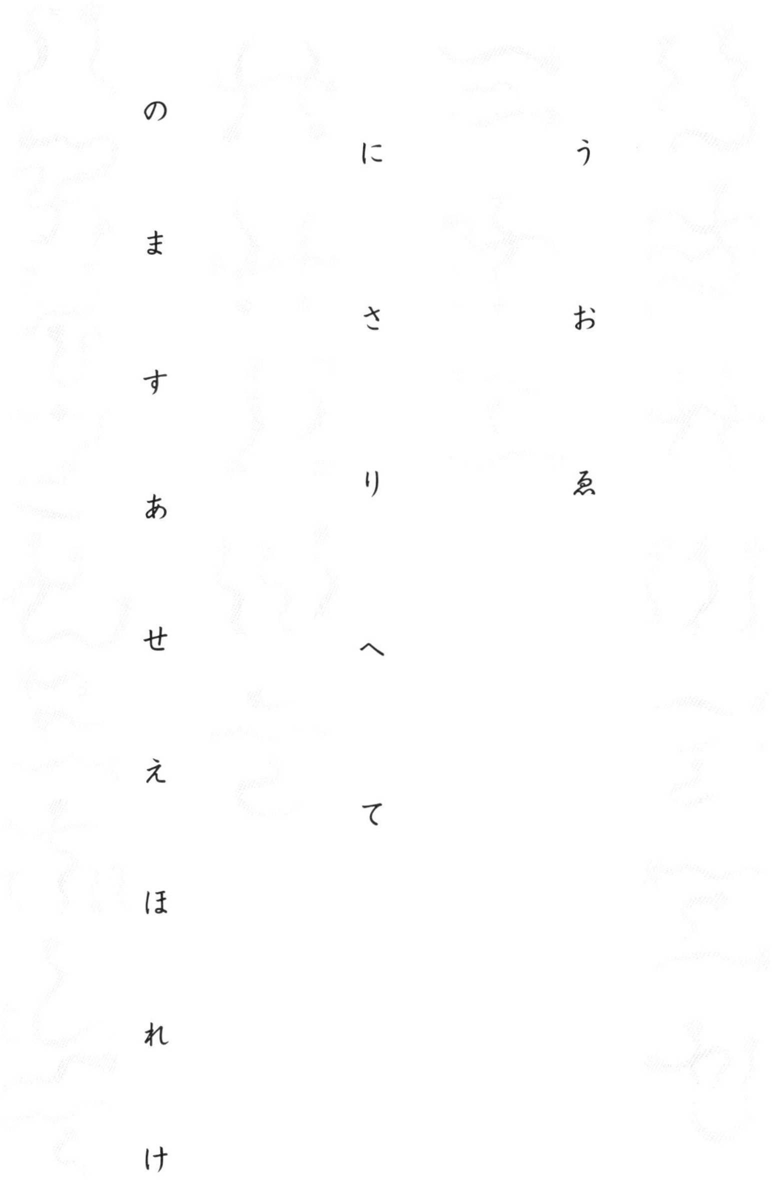

そをたはくめか
うおゑ
にさりへて
のますあせえほれけ

あわ歌

●なぞってみましょう

あかはなま
いきひにみうく
ふぬむえけ
へねめおこほの

もとろそよ

をてれせゑつる

すゆんちり

しゐたらさやわ

●なぞってみましょう

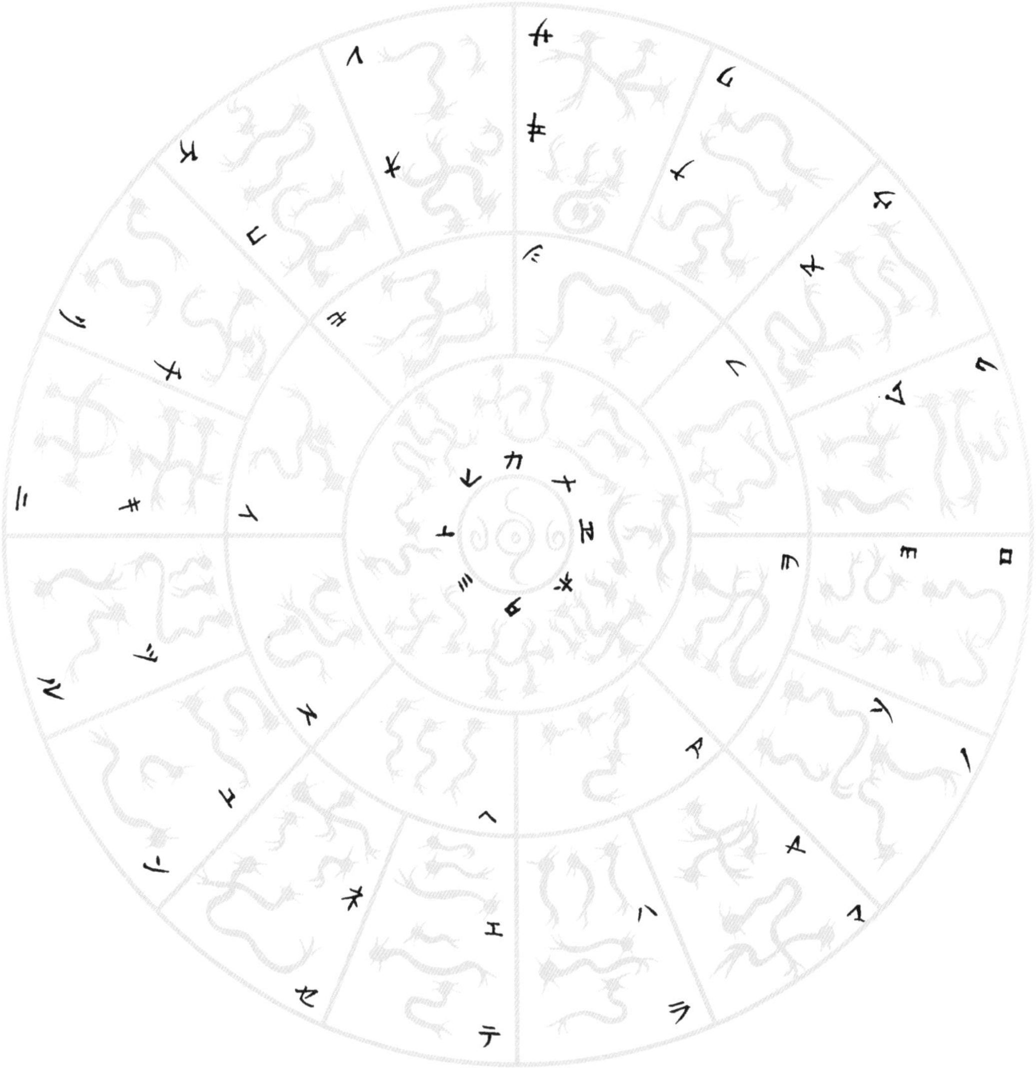

上古第23代・正哉《マサカ》吾《ア》勝勝速《カツカチハヤ》日天《ヒアメノ》 忍穂耳《オシホミミ》 命《ノミコト》

第3章 神代文字と龍

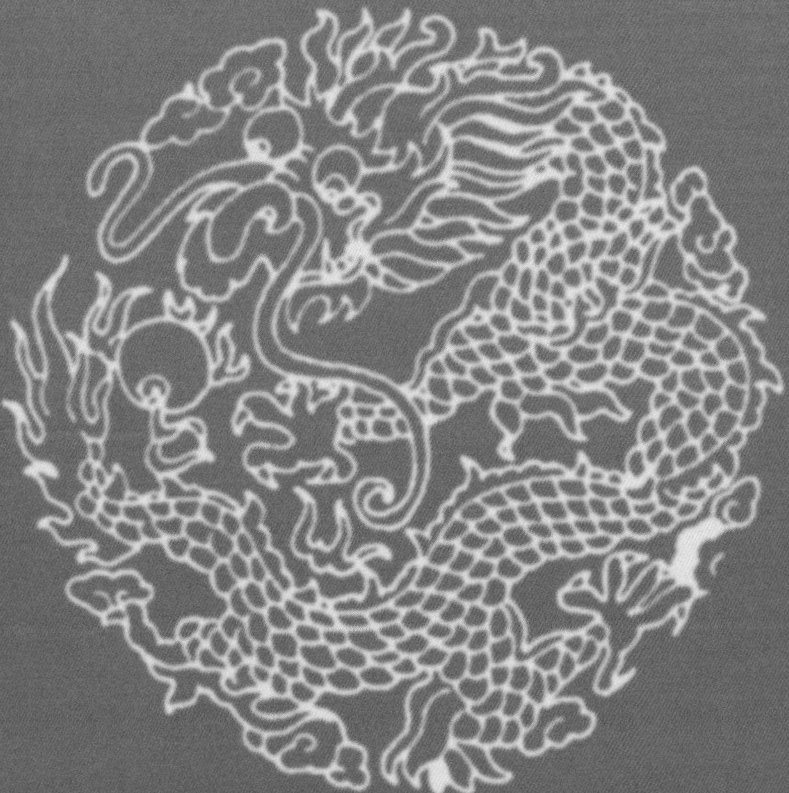

龍と水について

瀧《たき》という字は、龍に「氵」（さんずい）が付きます。瀧は、上から下に水が落ちる様子を「さんずい」を使って表しています。龍は、左に「立」と「月」（にくづき）を書きますから、（落ちずに）立ち上がる肉体。私は、**山裾から立ち上る水蒸気**（マイナスイオン）を見ていたある時、古代日本人は、これを龍と考えたのではないかと感じました。

蒸発した水は雲となり、雲は、雨や雪や霰《あられ》となって地表に落ちてきます。雨は、植物の新芽を育て、葉を茂らせます。その葉を昆虫が食べ、昆虫を鳥が食べ、そして人間が鳥を食べます。このように、水は、地球が出来た時から、上昇と降下（蒸発と降雨）をくり返し、あらゆる**生物の中を通過**して、海に戻ることを繰り返していますから、水は、全てを知っているのです。

私は、水を味方につける方法を知っています。たとえば神棚のコップの水に祝詞を奏上すると、200ccの水がそれを聞いていますが、お風呂の中で祝詞を奏上すると200ℓの水が聞くことになります。では、海でやるとどうでしょうか？　海岸から声の届く限りの範囲にある海の水が、祝詞を記憶してくれます。

祝詞を記憶してくれた水が、蒸発した時には広大な雲の水分となって自分の味方になってくれるのです。だから、天気予報では雨でも、私が行く先では、必ず晴天になります。それは、**空中の水分**が願望成就に協力してくれているのです。（片野貴夫記・以下K）

書く気功

私は気功治療家として、病気を予防し、健康を維持する方法をつねに探求しています。ひふみ祝詞を10年間、毎朝唱えていたことがありましたが、ただ単に音を発声するだけでは、これといって大きな効果は得られませんでした。ところが、一字一字、ホツマ文字の形を頭の中に浮かべながら唱えるやり方に切り替えましたら、癌の元である瘀血《おけつ》が、内出血として皮膚の下に現れてきました。神代文字（古代文字）を書くことによって、このような絶大なデトックスが起きたのです。

ホツマ文字に、瘀血を動かすパワーがあるならば、他の文字にもエネルギーが隠されているはずだと思いました。それ以来、「書く気功」と称し、健康法のひとつとして、毎日、神代文字を書くことを自分自身でも実行し、生徒さんにも推奨しています。（K）

昭和天皇と神代文字

神代文字（古代文字）は、伊勢神宮の神宮文庫に奉納文として残されていたといいます。稗田阿礼《ひえだのあれ》、菅原道真、平将門、源頼朝など、歴史上の錚々たる面々が奉納していました。

それらの書を、昭和天皇がご存命中、一枚一枚調べて、元特攻隊長の小島末喜《こじますえき》さんを介し、書家、安藤妍雪《あんどうけんせつ》先生に預けて記録するように頼んだそうです。100種類近くあったといいますが、虫食いで読めなかったのが半分近くあり、解読ができたのは、54種類でした。
昭和天皇が自らそれらを書庫の外に出されたのですから、封印を解き、古代日本に文字があることを国民に伝えたかったのでしょう。
私は、2008年から安藤妍雪先生主宰の書の霊《み》智《ち》塾に通い、神代文字を習得しました。
昭和天皇から引き継いだ正統な神代文字を学びたい人は、安藤先生の書道塾へ行くべきです。（K）

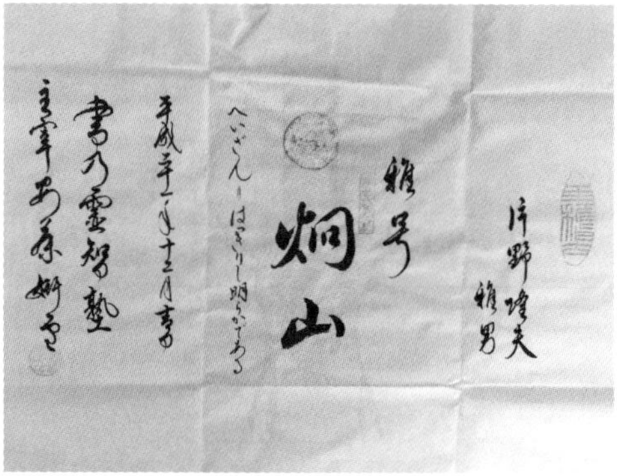
書の霊智塾で神代文字を学んだ修了証

神代文字は何のために作られた？

古代日本は人口が少なく、豊かな食物に恵まれていました。となると、人々が目指すことは健康で長生きすること（不老長生）しかありません。古代遺跡に見るストーンサークルは魔を祓う結界の役目と空中のエネルギーを取り込む装置であり、また、円錐形の竪穴式住居は、天と地のエネルギーを集めて病気を治す病院だったと私は推測しています。
そして、神代文字（古代文字）は伝達の手段ではなく、超現実的な病気の予防法、健康法に用いられたものであったと確信しています。もちろん現代でも、健康なくしては、あらゆる好運（恋愛運、仕事運、金運など）は得られません。

文字は、音霊《おとだま》、形霊《かただま》として、空間の素粒子を人体に取り込んで作用していきます。これほど優れた文字と言葉を持つ民族はないと思っています。古代の知恵を利用しない手はないでしょう。（K）

龍体文字フトマニ

私が安藤妍雪先生に初めて会った時、自分で書いたホツマ文字を見せたところ、「へたくそね」と言われました。とくに上手だとは思っていませんでしたが、ホツマ文字は、丸と三角と四角という記号のような文字なので、上手もへたもないものと内心思っていました。

その後、安藤先生主宰の書の霊智塾に入門し、龍体文字を何度も書いて練習していた時、この文字は、どれも、「高さ」に対して「横幅」が広いことに気がつきました。フトマニ図は、もともとホツマ文字で伝承されているものですが、この平べったい文字を当てはめたい衝動にかられ、書いてみると、余白なくぴったり

入る。私は、龍体文字を入れたフトマニ図を完成させました。安藤先生は、間髪いれずに、「きれい！」と発しました。

ホツマ文字の時は「へたくそ」。龍体文字のフトマニ図の時は「きれい」と言うのですから、龍体文字のフトマニ図は、視覚的に調和が取れていて、「絵になる！」ということでしょう。安藤先生は、直感で言葉を発することができる人なのだと思いました。フトマニ図の原点は、ウマシアシカビヒコジの神が考えた龍体文字ではないかというのは私の説です。（K）

龍体文字と気功治療

私が提唱する治療法・健康法の中に、文字を皮膚に書くという衝撃的な方法（Ⓡ古代文字の気功治療）があり、その効果は、今までの、鍼や灸などとは比べものにならないくらいのスピードです。発見した本人が驚いたほどですから、実際に体験したことのない人が信じられないのは当たり前です。

家紋や神紋を使った施術は、かなり前から行っていましたが、ホツマ文字を皮膚に書くことを試みたのは2003年頃から。2008年に、書の霊智塾に入門してから、さらに深みを増しました。

ここで龍体文字に出会ったのは、私にとって大きかったのです。ツボが点である場合は、ホツマ文字を使い、皮膚が縮んでツボが面で発生するときは、龍体文字が必要となります。

皮膚の縮みはあらゆる不調の原因。皮膚に文字を書くことによって、波動エネルギーが人体に入ってくると考えています。フトマニ図の中に龍体文字を当てはめた時に一番外側の円にある「やま」「はら」「きに」「ちり」……という2文字ずつの組み合わせを使い、菱形の中に書き込みます。そのつど、オーリングテストをして、適した箇所に、適した組み合わせを使用しています。文字の向きや大きさも一律ではなく、状態や経過にあった選択をしています。方法として確立していますので、学びに来てください。（K）

外国のお経に日本の文字を当てはめたら、日本の神様に怒られた

魔を祓う時に使うお経として知られる阿弥陀如来根本陀羅尼《あみだにょらいこんぽんだらに》は、もともとは、インドの「マントラ」でした。マントラはアーリア人が現世利益《げんせりやく》のために考案した呪文で、お釈迦様の教えとは全く関係ありません。それが中国に渡って真言《しんごん》になり、日本に来た時、陀羅尼となり、魔を祓うお経になったのです。ちなみに、般若心経の「ぎゃてい　ぎゃてい……」も、エネルギーを得る音ですから、翻訳してはいけない部分です。

私は毎朝、様々な神代文字をあわ歌やひふみ祝詞にのせて唱えているので、これらのお経にのせても同じ効果があるかもしれないと思い、ある日、阿弥陀如来根本陀羅尼に、日本古代のカタカムナ文字を当てはめ、読み上げてみました。すると、読み上げた直後から身体の中がザワつき始め、体調不良になりました。

その日は、妻が、私の誕生日祝いに食事を手配してくれていたのですが、食べるのが辛く、フラフラしながらレストランから出て来ました。目の前には、赤坂の日枝神社。セルフォに「この神社に入ってもいいか？」と聞いてみると、「駄目」と言います。この時私は、私が日本の文字を外国の呪文に使ったことで、日本の神様が「怒っている」と解釈しました。外国のお経は、平仮名ならいいのに、神代文字を当てはめることは許されないのでしょう。平仮名のひふみ祝詞を10年以上唱えても全く効果がなかったのに、ホツマ文字のひふみ祝詞を唱えたら2日でデトックスが起きたのと正反対の出来事でした。（K）

五十音と、神代文字

あらためて現在の五十音表を眺めてみると、五十音と言いつつも、「ん」を含めて、46文字しかありません。それに対して多くの種類の神代文字には、【や行】の「い」「え」段にも文字があり、【わ行】の「い」「う」「え」段にも文字があって、「ん」も2つ存在します（3つあるのもあります）。したがって、大部分は、52文字で構成されています。

【や行】と【わ行】について補足しますと、3300年前のホツマ文字と5500年前のカタカムナ文字には、【や行】は「やゐゆゑよ」、【わ行】は「わを」と残されています。

他の神代文字に関しても、私が学んだ中では、【や行】は「やゐゆゑよ」、【わ行】は「わいうえを」となっていましたので、本書では龍体文字・龍踊文字についてもそれに忠実に合わせ、ホツマ文字あわ歌と同じ並び順にしました。
もともと神代文字は、奉納文から起こしたものなので、「い・i」「い yi」「ゐ wi」と「え e」「え ye」「ゑ we」の発音や区別は今となっては定かではありません。（K）

あまりにも無名な忍穂耳天皇

天照大神《あまてらすおおかみ》は日本人なら誰でも知っています。しかし、息子にあたる忍穂耳《おしほみみ》天皇のことは、神社関係者以外ではほとんど知っている人がいません。かく言う私もホツマ文献を読むまで知りませんでした。
忍穂耳天皇は、伊勢神宮の忍穂井《おしほい》という井戸の「そば」で産まれたので、顔のそばにある「耳」の名前が付いたといいます。忍穂耳天皇は、ホツマ文献の中で出雲の国譲りのきっかけを作った名君でした。
出雲の方向に不穏の空気があると忍穂耳天皇が天照大神（ホツマ文献では男神とされている）に進言して、使いが出雲に行きます。

天照大神と
その息子・忍穂耳天皇

しかし、使いは帰ってこない。3年後に、次の使いが出雲に行きます。また、帰ってこない。10年後、3回目の使いが行くと、2回目に行った使いの人が結婚して子供もつくり、出雲で暮らしていたのです。3回目の使いが「役目を果たさないで何やっている」と言うと、2回目の使いが3回目の使いを弓で射ち殺します。3回目の使いは死体で帰ってきました。

使者を殺したことで戦争寸前になりました。出雲の支配者である大国主《おおくにぬし》は、この件について無関係なのですが、自分の息子のクシヒコを美保《みほ》から呼び仲裁に入らせました。クシヒコは「ここまでこじれたら国を譲ったほうがよい」と父の大国主に進言して、国譲りになります。クシヒコの弟のタケミナカタはこれに反対したことで、タケミカヅチに追われ、諏訪で降参します。

天照大神は、戦争をしないで国譲りをしたので、フツヌシに香取、タケミカヅチに鹿島、カナサシに息栖《いきす》の名前と領地を与えます。また天照大神は、クシヒコと自分の長女を結婚させて、一度譲られた出雲の国の支配権を返していますから、大国主からクシヒコに代替わりしただけです。

忍穂耳天皇の子供はニニキネさん。ニニキネさんの息子はホホデミさん、ホホデミさんの息子はナギサタケ ウガヤフキアエズの神で神武天皇のお父さん。天皇はこの神武天皇から126代続いています。（K）

プロになるのにパスはないでしょ

忍穂耳天皇が作った文字は、2つあります。ひとつは、ホメミ文字（『なぞる本「神代文字練習帳」』参照）。これは法則性があるので、私は4回書いたら覚えることができました。その後、運転中にもかかわらず、それを「あわ歌」、「ひふみ祝詞」、「ふとまに」という、3つの違う並び順でやってみたところ、どの順でも、すらすらと文字が頭の中に文字が出てきました。あり得ないことです。

通常、神代文字は、覚えた時の順番でしか頭の中に出てきません。例えば、「あかさたなはまやらわ」（あわ歌）の順で覚えたら、他の順番では出てこないのです。なのに、「あわ歌」「ひふみ祝詞」「ふとまに」の順でもできたのです。忍穂耳天皇は、脳の記憶装置の働きを熟知しているのだと思いました。

忍穂耳天皇が書いたもうひとつの文字は、龍踊文字です。私は初めて見た瞬間、「覚えることは絶対に無理、この文字はパスしよう」と思いました。

しばらくして、安藤先生から神代文字の教室を開く許可をもらったところ、「プロになるのにパスはないでしょう?」という声が、頭の中に聞こえてきました。覚えなさいと霊界に言われたのです。努力はしてみたものの、半年経っても、覚えることができません。私が4回で覚えられたホメミ文字を考案したのと同じ人が、なぜこんな難しい文字を作ったのか考えました。それは、「放棄しないで続ければ覚えられる、意識を変えなさい」という意味だと解釈しました。

私は、新たな分析を始めました。カタカナが神代文字より古い文字なのではないかと考え、カタカナを書いた上に龍踊文字を重ね書きしたら、暗記することができたのです。この時、意識が先導して、そのとおり行動すると結果が出ることを実感しました。忍穂耳天皇は、文字を通して精神世界のことも教えてくれました。忍穂耳天皇を知らないのは日本

人として恥ずかしいと思います。（K）

プラーナと龍踊文字

もう10年ほど前のこと。友人が、プラーナを見る方法を教えてくれました。

「晴れた日の空を、じっと見つめていると、糸くずみたいな光が、空気中にウヨウヨと飛んでいるのが見えてくるよ。それがプラーナで、生命エネルギー。コツをつかめば誰でも見えるから」

早速、私はベランダに出て、空を仰いでみました。目をこらして集中すると、あっちからこっちから、あらゆる方向に向かって、小さくて細い白いものがヒュンヒュンヒューンと飛んでいます。形状は、小さな小さな流れ星？　それとも、オタマジャクシ？　あるいは、顕微鏡の映像で見た人間の精子のよう。活発に動いているのです。びっくりしました。お化けもオーラも見えない私でもプラーナは見えたのだから。

だんだん慣れてきたら、室内の蛍光灯を凝視しても同じものが見えてきました。ということは、太陽光線の下ばかりでなく、空気中にいつでもどこにでも飛んでいるのでしょう。

プラーナの存在に驚かなくなってから久しく、私は長い間すっかり忘れていましたが、龍踊文字を初めて見た時に、まさにソックリ！　と思い出しました。

プラーナが生命エネルギーだとしたら、この文字を作った忍穂耳天皇は、そのエネルギーの動きを表現したかったのかもしれません。（しかくらかおる記・以下S）

愛あふれる龍ダンス（龍踊文字）

この龍たちは、自由で身軽。
偉ぶったり気取ったりせず
いつでも好きなことしかしない。
二匹で楽しく踊っているうちに、
子供の龍が誕生しました。

生まれたての赤ちゃんには、
まだヒゲもなく、尾っぽも未熟。
お父さんが好き、お母さんが好き。
兄弟姉妹といつも仲良し。

家族は、もっとも身近にある、
幸せを創造する最小のユニット。
家庭が円満だと、幸せは波及していきます。
龍踊文字は、時空を超えて、
もっとも大切なことを教えてくれているのです。（S）

ヨモツモモノキ

文字（天照大神）

増補版新章

縄文時代は、約1万5000年前から約2500年前とされています。1万年以上続いているというのに、私たちは学校では詳しくは習っていません。

この時代には、高い文化があり、初代とされている神武天皇より前の時代に、上古の天皇が存在していました。伊勢神宮の祭神であり、神棚の中央に祀られる天照大神もその一人で、上古第22代の天皇でした。

上古の天皇には神代文字を作る特権または役目のようなものがあったと思います。ひもといていくと、神武天皇の2つ前（おじいさんにあたる）上古第25代ホホデミまでは、どの天皇も一生のうち1種類または2種類の神代文字を作って残しています。

実際の作業では、自分より前の天皇の文字を学んで構想していたはずです。

天照大神が考案したのはヨモツモモノキ文字です（もうひとつ、サカリヒミ文字もあります）。天照大神は、龍踊文字を生み出した第23代オシホミミの父親。

その両親にあたる第21代イザナギ・イザナミは、ホツマ文字と「あわ歌」を誕生させ、全国の言葉と文字を統一しました。

天照大神が作ったヨモツモモノキ文字は、「ひふみ祝詞」の順で書くとすぐに覚えられるように設計されています。息子のオシホミミは、これに影響されて、あわ歌で並べると覚えやすい力強いホメミ文字を展開。その後オシホミミは、うって変わって、繊細で超難しい龍踊文字を作りあげたのです。

龍踊文字は「龍」を模していますが、父、天照大神のヨモツモモノキ文字は「木」を模しています。増補版では、シンプルでパワフルなヨモツモモノキ文字を公開いたします。時代はさらなる変化を遂げていきます。神代文字を書いて覚えて、古代の天皇、そして天照大神のご加護を賜りましょう。

〈文字一覧〉

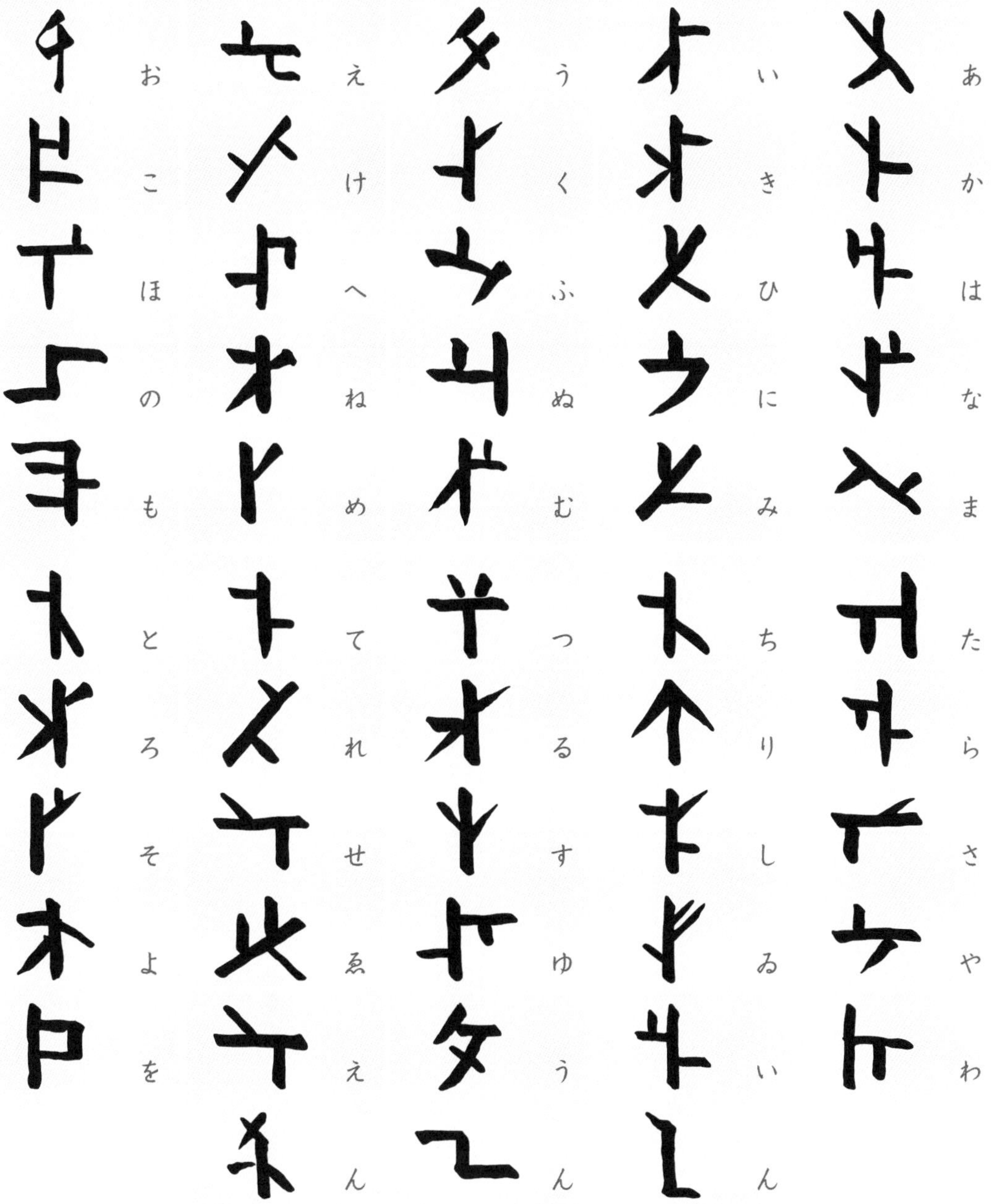

あ か は な ま た ら さ や わ
い き ひ に み ち り し ゐ い ん
う く ふ ぬ む つ る す ゆ う ん
え け へ ね め て れ せ ゑ え ん
お こ ほ の も と ろ そ よ を

〈ヨモツモモノキ文字・覚え方のヒント〉

天照大神のヨモツモモノキ文字を覚える時は、ひふみ祝詞を3つに分けて、3つの円で書いてみます。似ている文字が隣接していることがわかります。

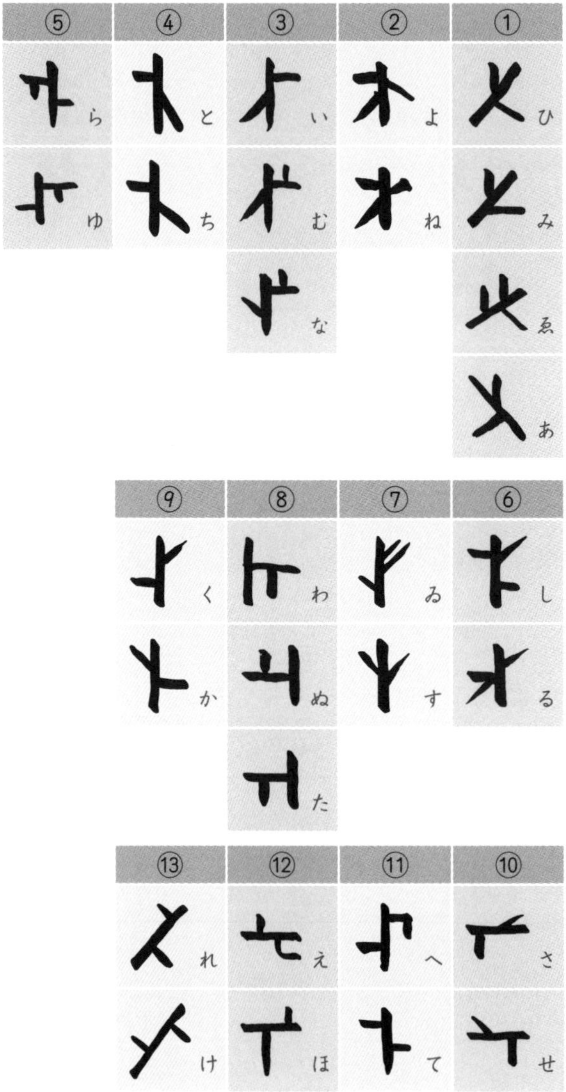

[1]

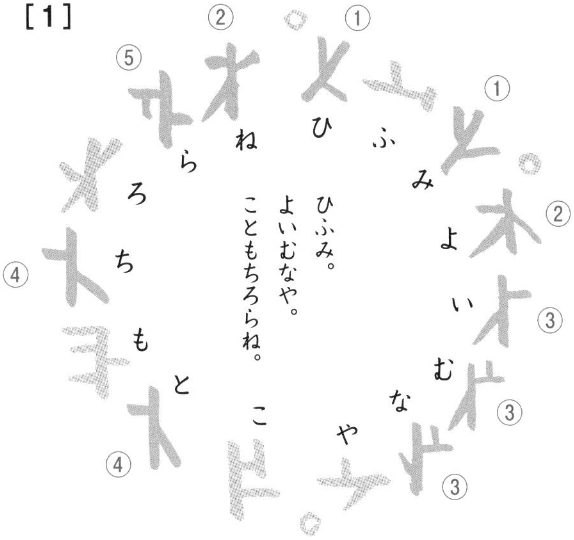
ひふみ。
よいむなや。
こともちろらね。

[2]

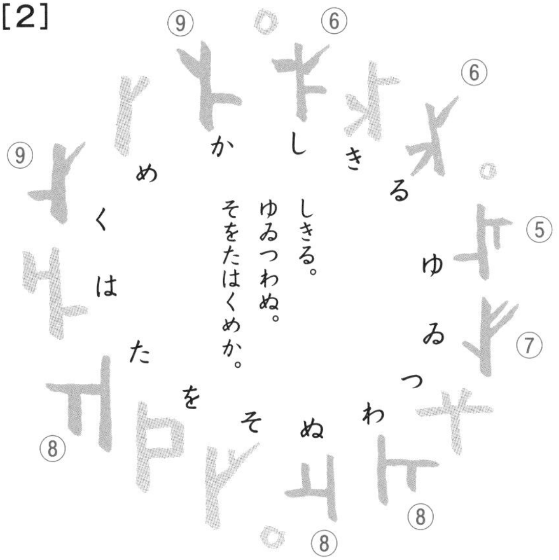
しきる。
ゆゐつわぬ。
そをたはくめか。

[3]

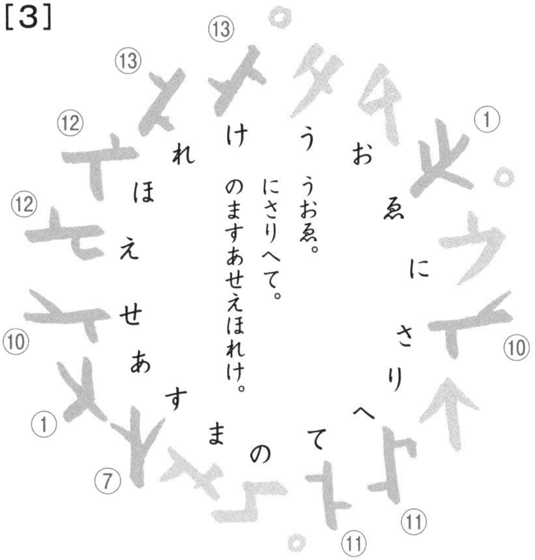
うおゑ。
にさりへて。
のますあせえほれけ。

ヨモツ
モモノキ文字

あ行

あ い う え お

お手本
書き順&コツ
なぞる
なぞる

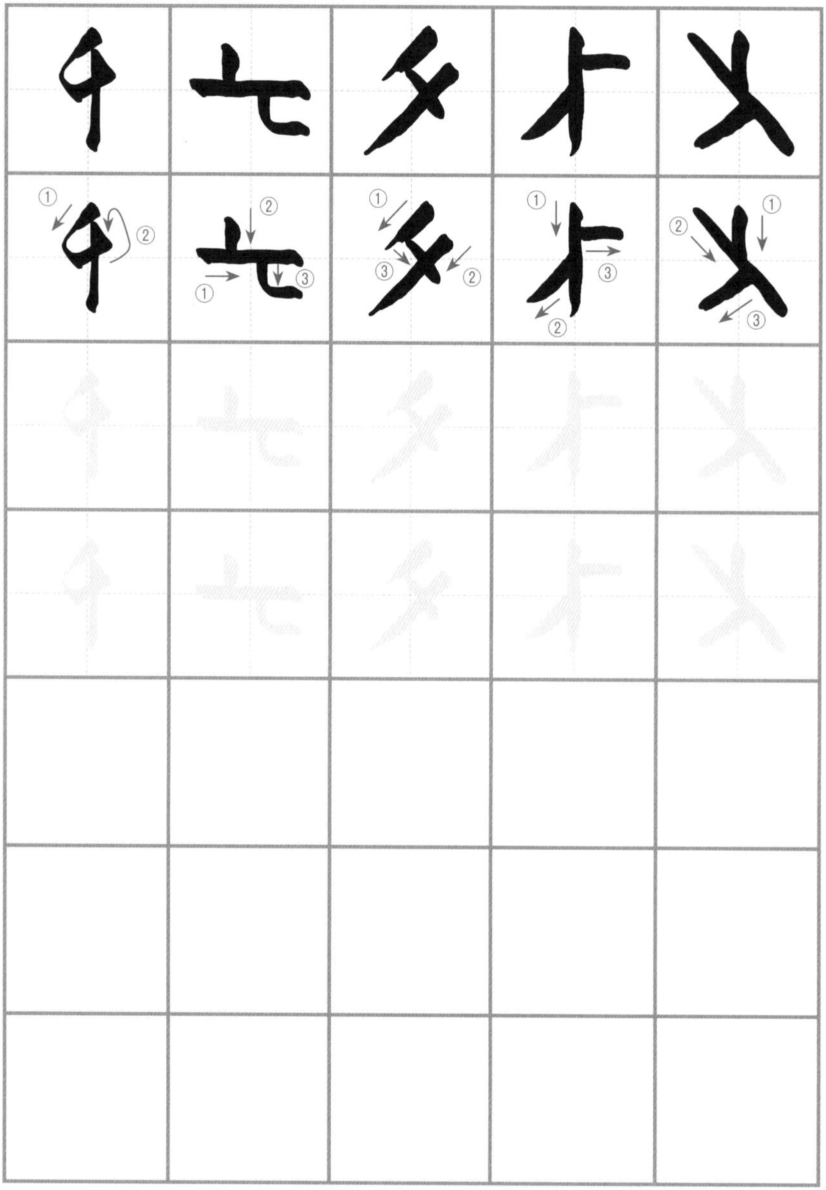

ヨモツ
モモノキ文字

か行

か　き　く　け　こ

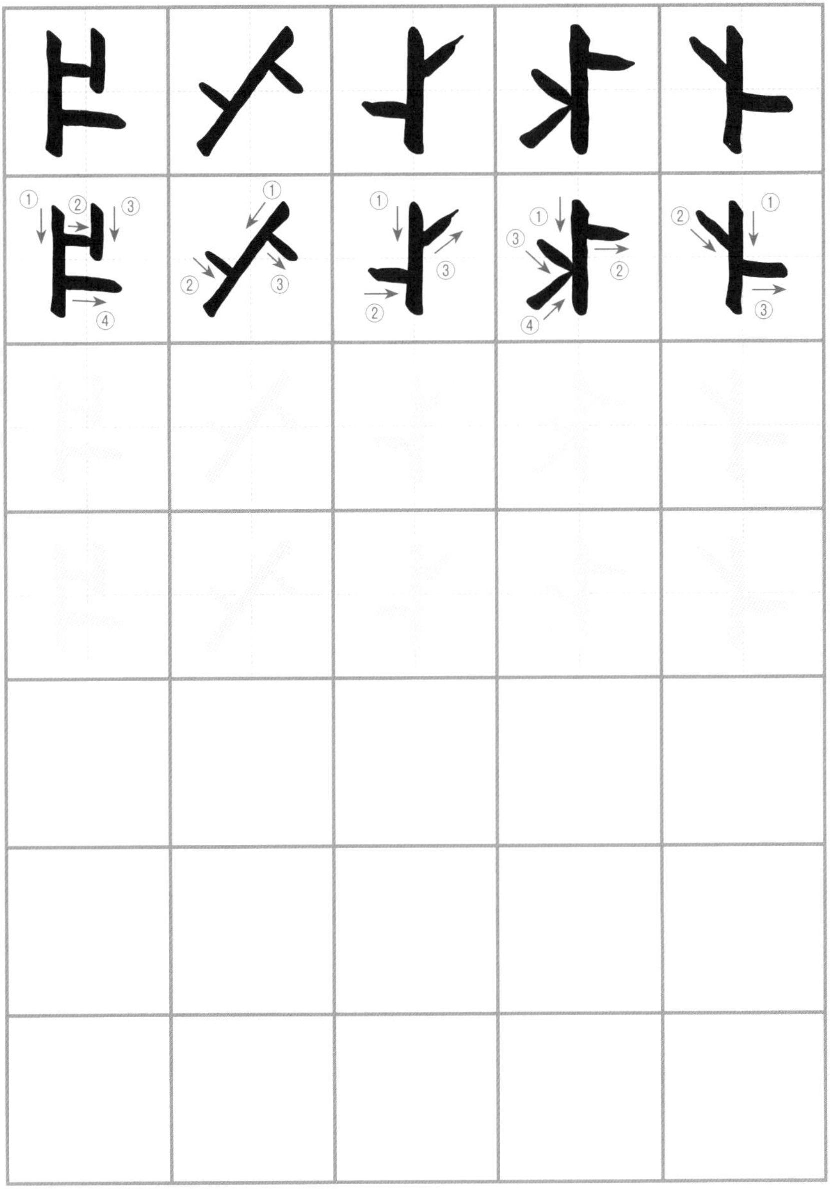

お手本

書き順&コツ

なぞる

なぞる

ヨモツ
モモノキ文字

さ行

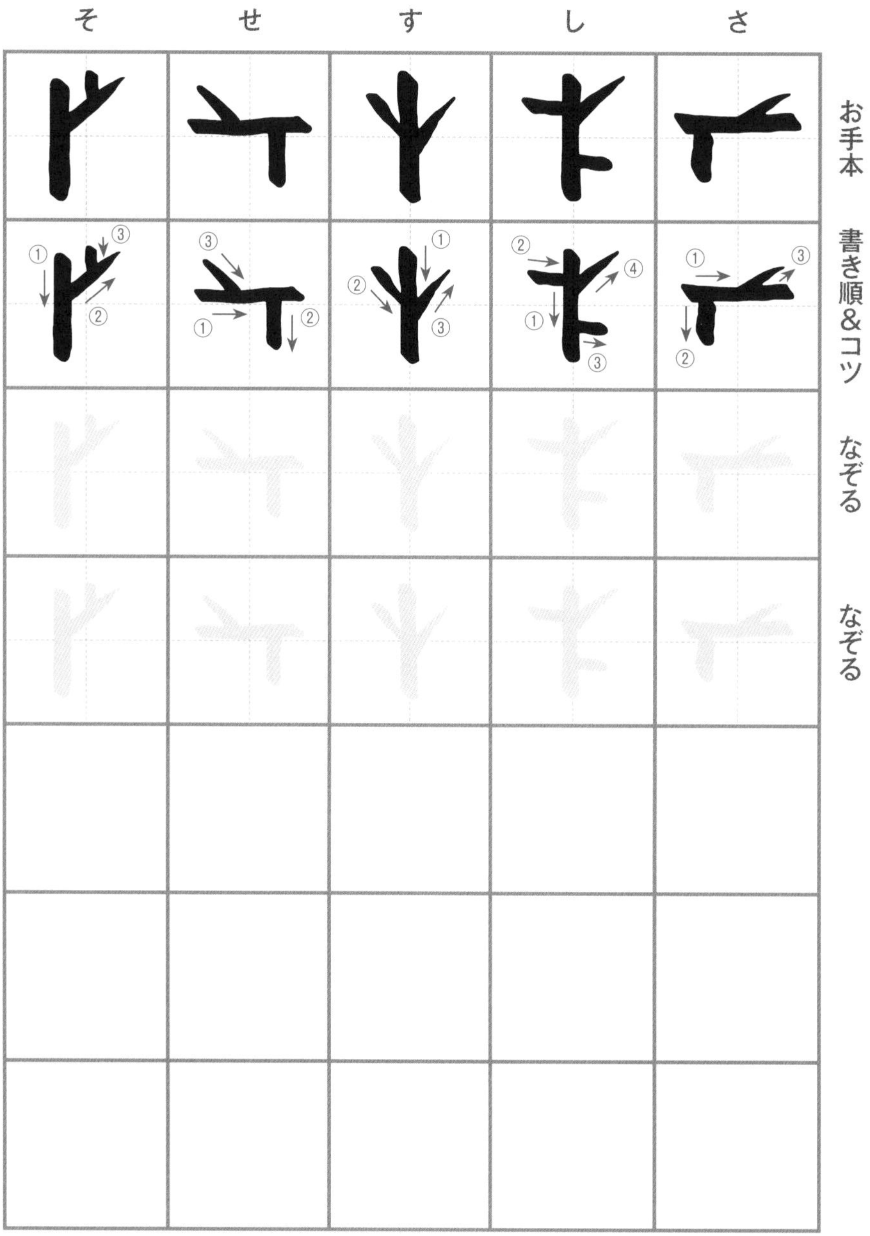

ヨモツ
モモノキ文字
た行

た　ち　つ　て　と

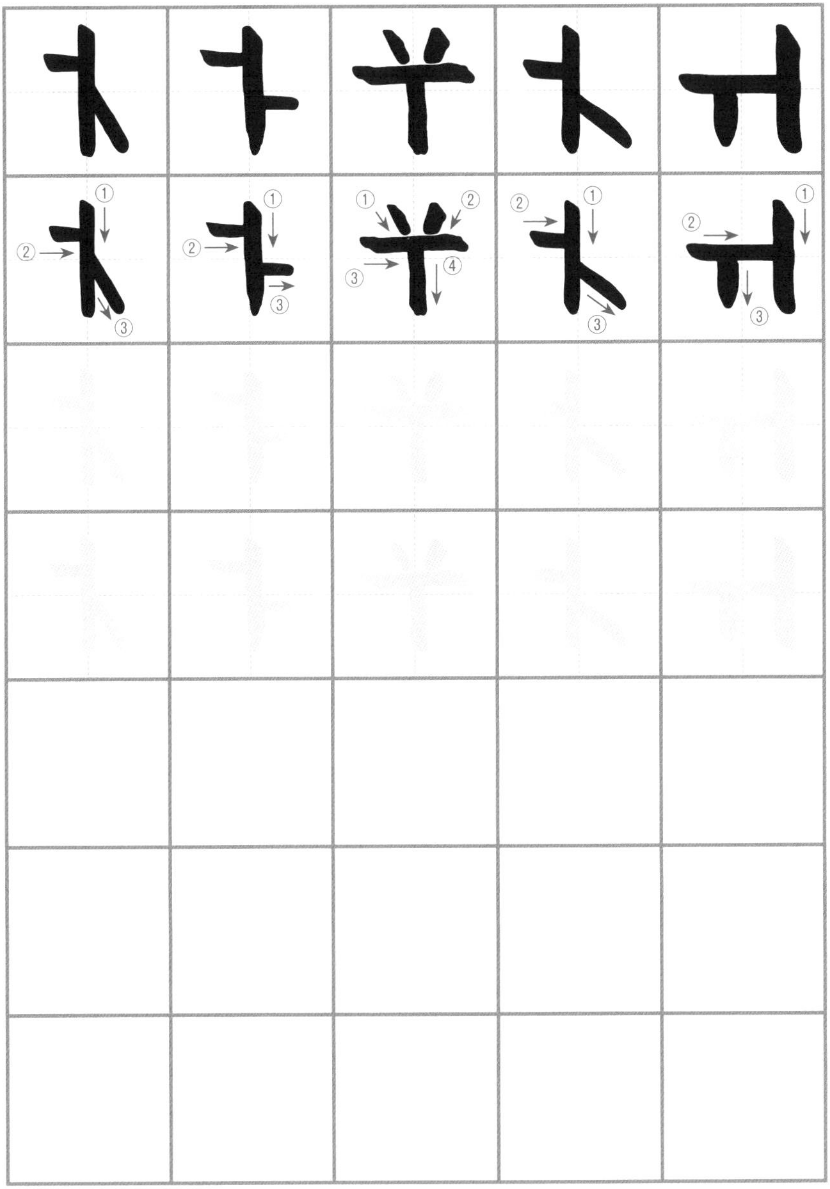

お手本
書き順&コツ
なぞる
なぞる

ヨモツ
モモノキ文字

な行

な　に　ぬ　ね　の

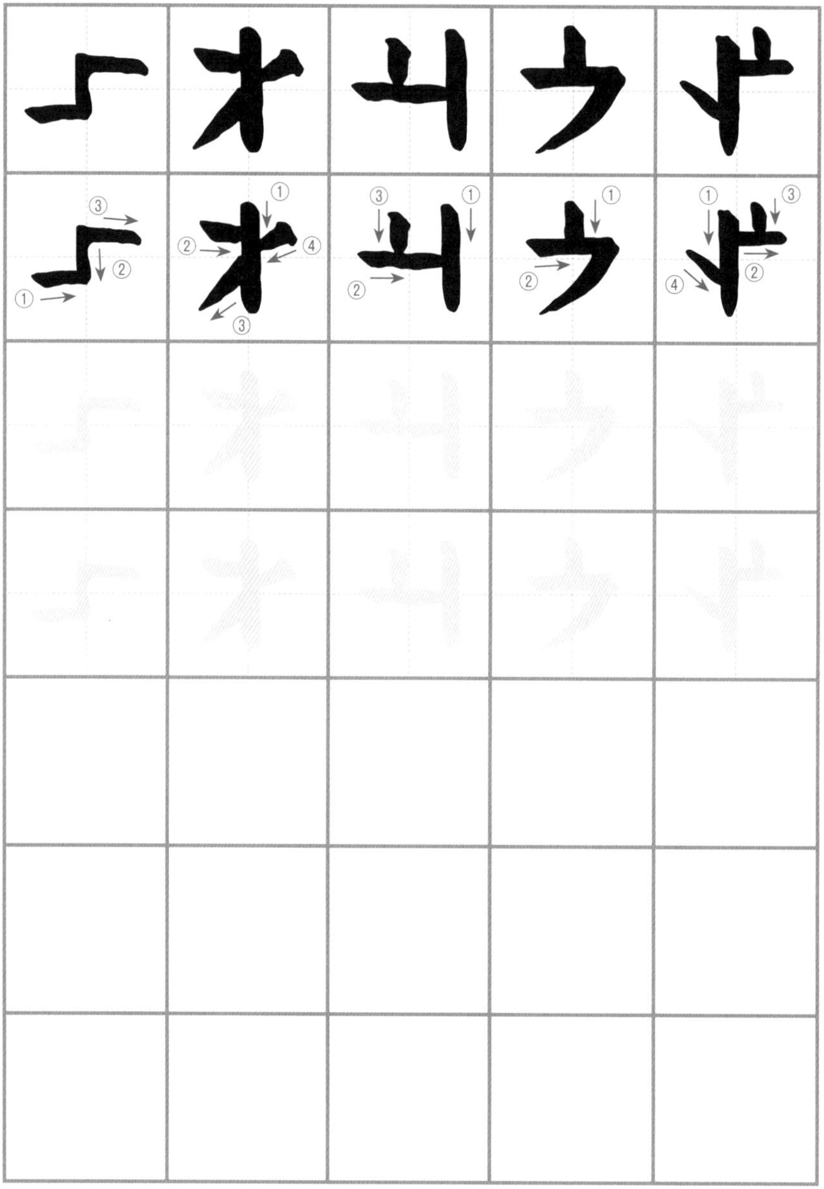

お手本
書き順&コツ
なぞる
なぞる

ヨモツ
モモノキ文字
は行

は　ひ　ふ　へ　ほ

お手本

書き順&コツ

なぞる

なぞる

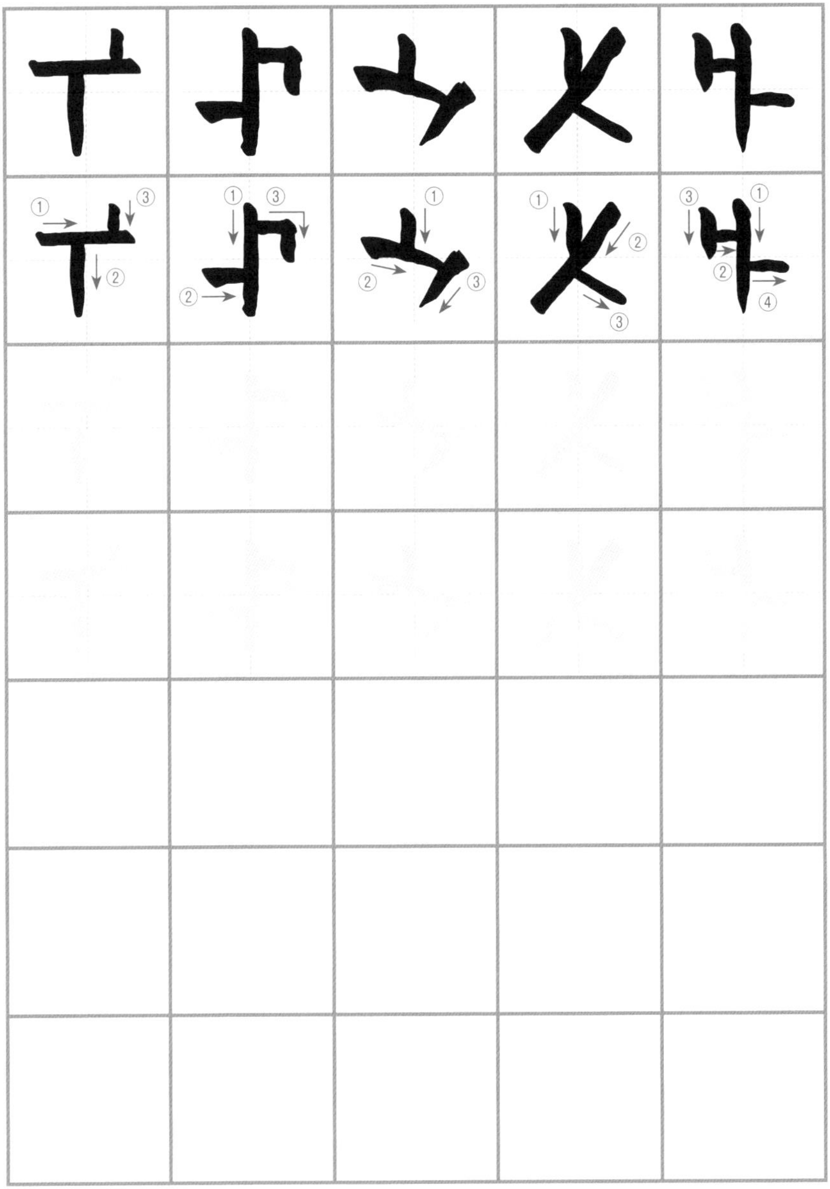

ヨモツ
モモノキ文字

ま
行

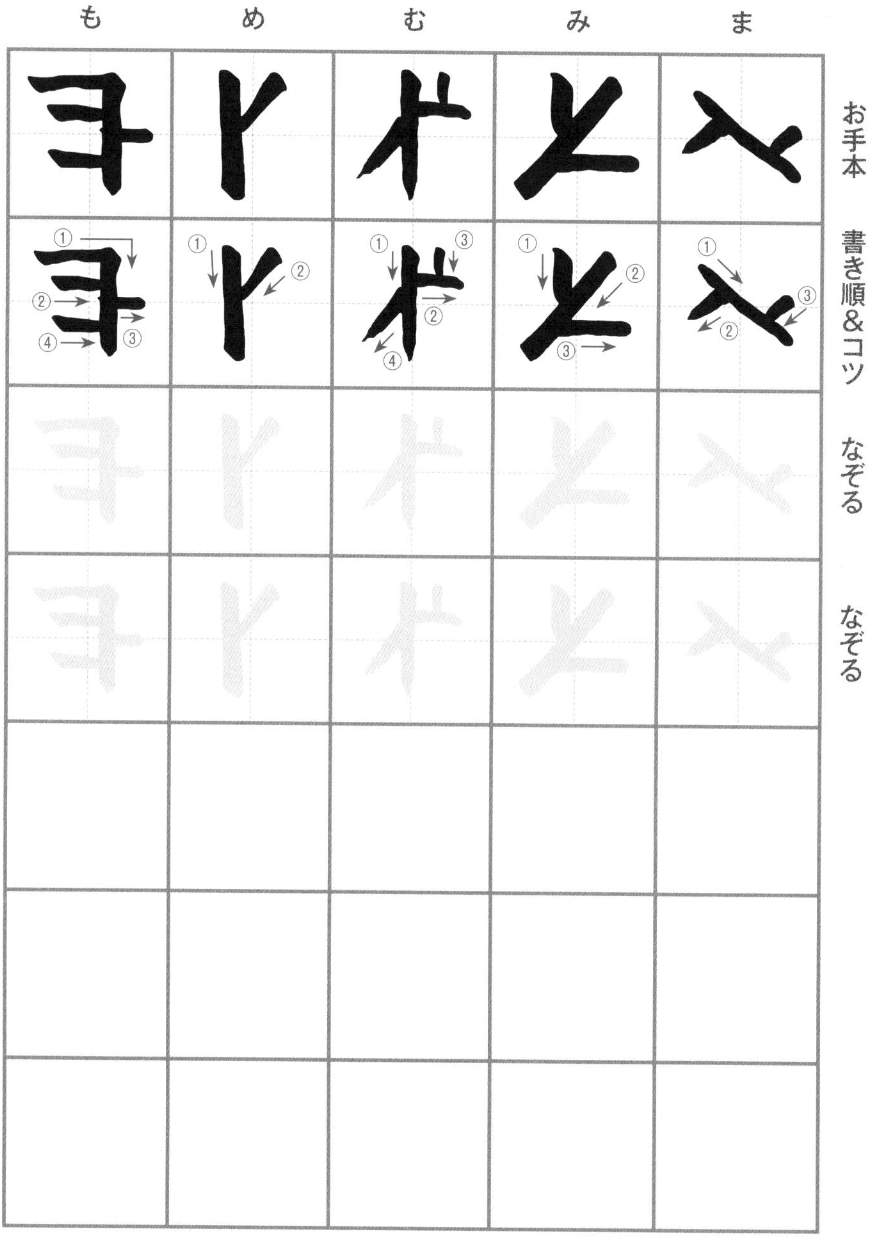

ヨモツ
モモノキ文字

や行

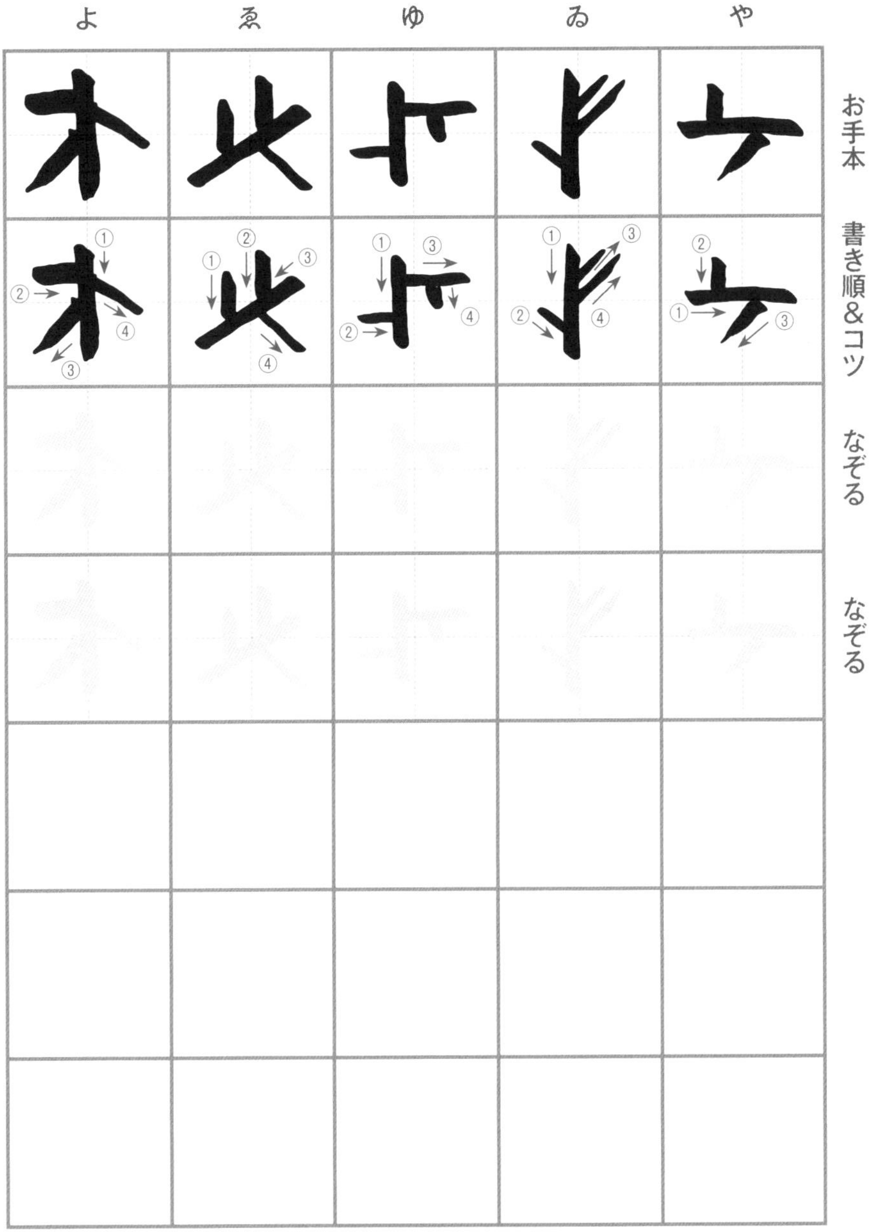

ヨモツ
モモノキ文字

ら行

ら　り　る　れ　ろ

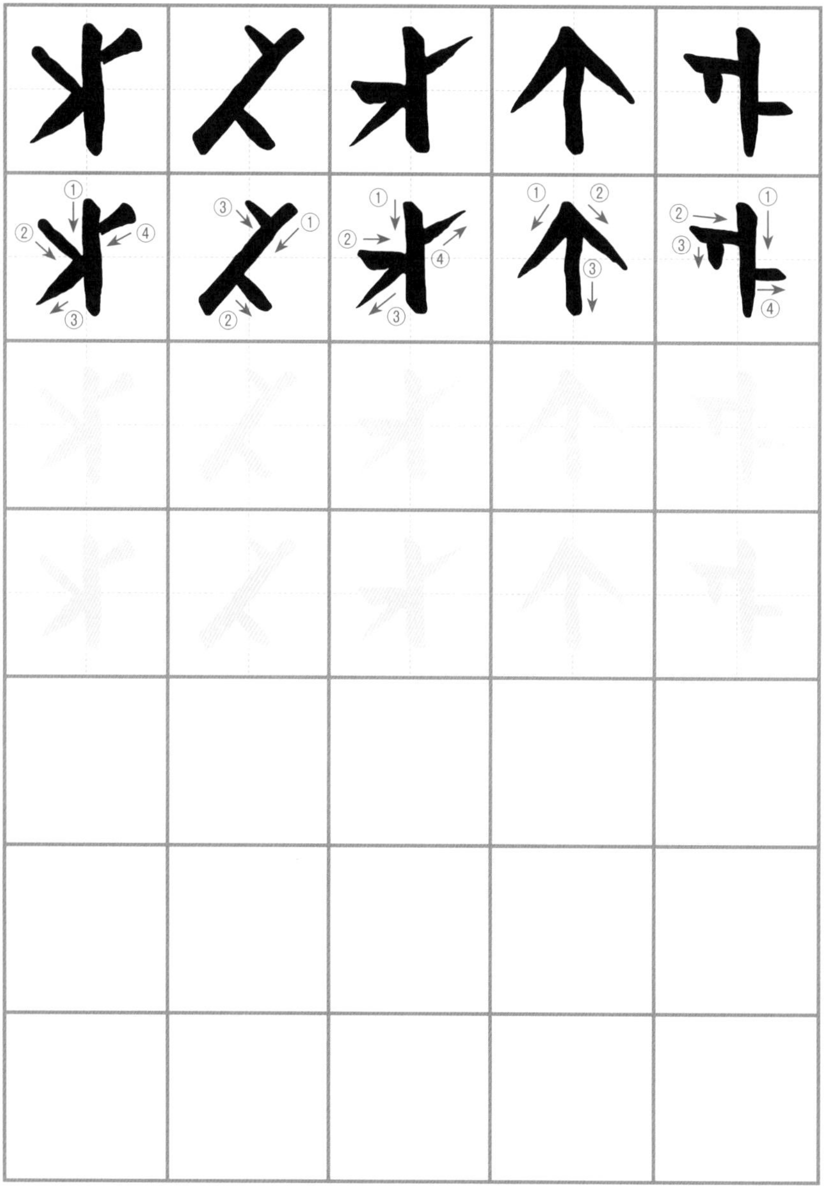

お手本

書き順&コツ

なぞる

なぞる

ヨモツ
モモノキ文字

わ行

わ い う え を

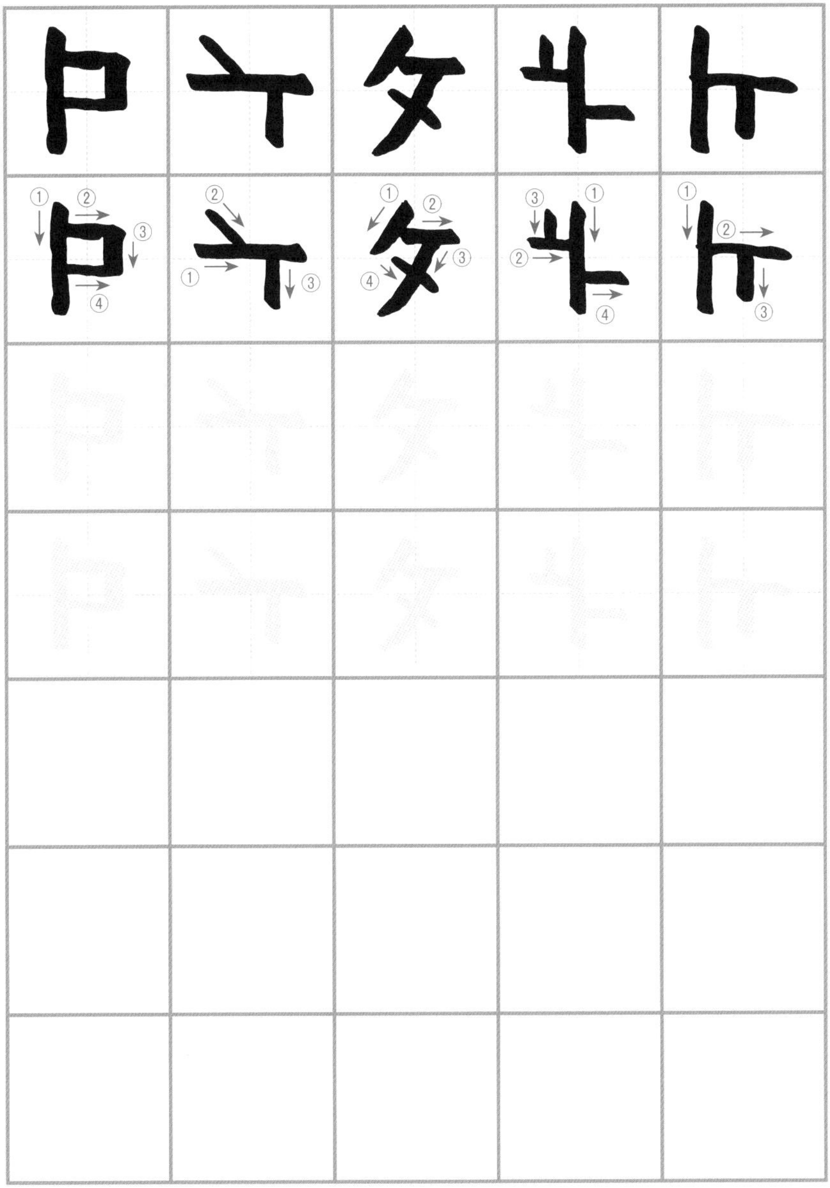

お手本

書き順&コツ

なぞる

なぞる

ヨモツ
モモノキ文字

ん

ん　ん　ん

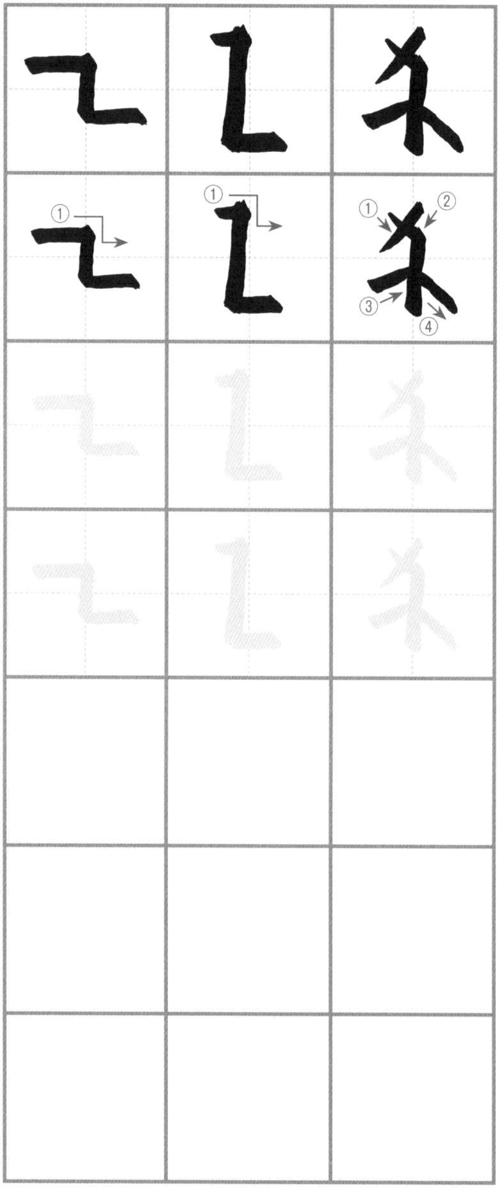

お手本

書き順&コツ

なぞる

なぞる

〈自由練習ページ〉

Profile

片野 貴夫　かたの たかお

気功治療家・古代文字研究家。1943年千葉県生まれ。40歳で人生の大きな転機を迎え、1983年より２回にわたって中国へ留学、北京体育学院の張広徳老師から導引養生功を伝授。1987年には鍼灸師の国家資格を取得。翌年に千葉県松戸市に「健臨会」を設立し、気功・気功治療・太極拳などの指導を続ける。2008年に書の霊智塾（安藤妍雪氏主宰）に入門し、54種類の神代文字を習う。そのほかホツマ文字、カタカムナについても自ら学び、古代文字を使った気功治療法（® 古代文字の気功治療）を確立し成果をあげる。一貫して予防医学を提唱。自分の不調は自分で治すがモットー。2016年、一般社団法人古代日本の癒し普及協会を設立し、古代文字気功治療師養成講座を年数回開催し、人材育成にも力を注ぐ。

●おもな著書
『気功治療の実践』『古代文字の気功治療』（朝文社）
『ぜんぶ人体で確かめた［神代文字］言霊治癒のしくみ』『縄文直系《宇宙ヒーリング》の大海へ［神代文字］言霊治癒のしくみ２』『神代文字で治療師になる』『なぞる本「神代文字練習帳」』『片野式 カムロギ・カムロミうず気功』『神代文字の宇宙波動で治療する』『「縄文神代文字」超波動治療メソッド』（ヒカルランド）
●DVD
『片野式《気功ワーク》完全公開！』（ヒカルランド）

・健 臨 会　kenrinkai.com
・一般社団法人古代日本の癒し普及協会　kodaiiyashi.com
・X（旧 Twitter）　https://twitter.com/katanota

しかくら かおる

一般社団法人古代日本の癒し普及協会代表理事。からだと心のヒーリングスタジオ真南風《マーパイ》主宰。
2003年から片野貴夫氏のもとで、気功整体を学ぶ。古代文字気功治療に関する書物の編集や執筆をサポートしながら、講座などもプロデュース。古代文字をヘナで肌に書く縄文ヘナアートも提唱する。

本作品は、2019 年５月、ヒカルランドより刊行された『神宿る！　龍体文字と龍踊文字　完全なぞり書き練習帳』に新しく１章を加えた増補新装版です。

神宿る！
【増補新装版】龍体《りゅうたい》文字と龍踊《りゅうおどる》文字 完全なぞり書き練習帳

第一刷 2024年4月30日

監修 片野貴夫
しかくらかおる
編著 一般社団法人古代日本の癒し普及協会

発行人 石井健資
発行所 株式会社ヒカルランド
〒162-0821 東京都新宿区津久戸町3-11 TH1ビル6F
電話 03-6265-0852 ファックス 03-6265-0853
https://www.hikaruland.co.jp info@hikaruland.co.jp
振替 00180-8-496587
本文・カバー・製本 中央精版印刷株式会社
DTP 株式会社キャップス
装幀・本文デザイン 浅田恵理子
校正 麦秋アートセンター
編集担当 溝口立太

ISBN978-4-86742-366-0

縄文以前に繁栄していたという上古代。超常的な力を持つ天皇を中心に高度な文化が芽生えていたと伝えられています。時期によりカタカムナ文字、ホツマ文字など異なる文字が使われていましたが、いずれも文字自体にエネルギーが宿り、宇宙との交信のほか、体の治療や浄化などに文字が用いられていました。
それら古代の知恵と言える神代文字を治療に用いて活動しているのが片野貴夫氏です。そんな片野氏とヒカルランドのコラボによって、龍体文字と龍踊文字の縁起の良い２つの文字を組み合わせた、合計108枚からなる文字札が生まれました。片野氏によると、龍体文字は上古第12代宇摩志阿斯訶備比古遅（ウマシアシカビヒコジ）の神によって約5500年前に、龍踊文字は上古第23代正哉吾勝勝速日天忍穂耳命（マサカアカツカチハヤヒアメノオシホミミノミコト）によって約3200年前に創られたと推測されています。

【使用例】
①龍を感じる……一枚引きして、その音と文字の形を味わい、メッセージを感じ取る。
②龍を書く……引いた文字を書くことでエネルギーアップ。
③暗記する……頭のトレーニング、閃きや直観の鍛錬に。
④配置する……「フトマニ」「ひふみ祝詞」「あわ歌」を古代文献のとおりに並び替えれば、パワフルな言霊エネルギーがあなたを包んでくれます（フトマニを完成させるのに便利な敷き布を別売で用意しています）。各カードの龍体文字・龍踊文字はすべて片野氏の筆によるものです。カードを使ってあなたも神代文字の使い手になりましょう。

基本的なヒーリング方法

① 表面がツルツルとしていて文字が浮かんで見える方を天（宇宙）に向ける。
② 体の上に置いて太祝詞《ふとのりと》を３回（または５回、７回）唱える。
　→触診した部分の緊張がほぐれてくる。
③ ①～②を基本とし、朝・昼・夜の３回を毎日続ける。
④ 同じ箇所を「カムロギ・カムロミうず気功法」と併用するとさらに良い。

※腰、肝臓、心臓、肺などの部位に対するヒーリングについては、説明書の QR コードが商品内に添付されています。

カムロギ・カムロミうず気功

下図のように両手をグーにし、爪の表面を皮膚にあてながらマッサージします。この手の状態をキープしつつ、両手を体の中心に寄せたら、それぞれの手を左右に広げながら下方向に下げ、円を描くようにくるくる回していきます。
太祝詞を３回唱えながら行いましょう。

太祝詞《ふとのりと》

ひとつ　ふたつ　みっつ　よっつ
いつつ　むっつ　ななっつ　やっつ
ここのつ　とう
ひー　ふー　みー　よー　いー
むー　なー　やー　こー　とー

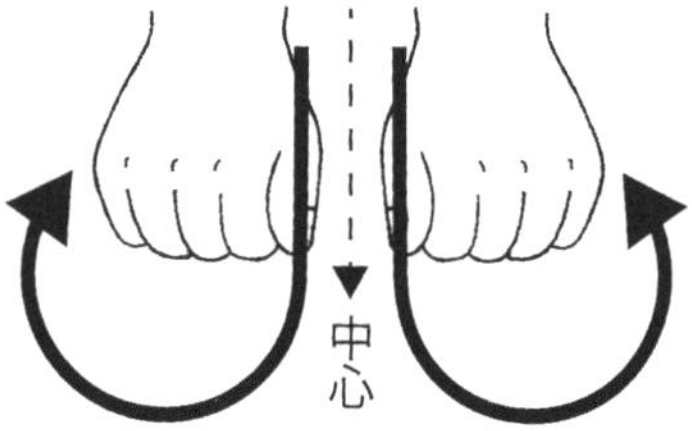

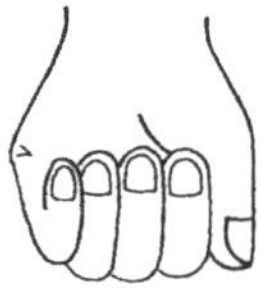

爪の表面を皮膚にあてる

「くる×くる立体ふとまにクリスタルを使って体を調整する方法」
さらに詳しくは QR コードを参照してください。

販売価格：19,800円（税込）
サイズ：直径60㎜×高さ18㎜
重量：約60g
素材：クリスタル

＊ご案内の価格、その他情報は発行日時点のものとなります。

くる×くる立体ふとまに〈クリスタル〉龍体文字・龍踊文字

片野貴夫氏

神代文字を使った治療を実践し、多くの人を救ってきた気功治療家・片野貴夫氏による強力なパワーグッズです。フトマニとはホツマ文字で書かれた128首の和歌などで構成された古代文献のことで、その文献に添付された図形を「フトマニ図」と言います。フトマニ図は一つひとつの音（文字）を神と見立てた言霊配置図のようなもので、その形状は立体でした。

「くる×くる立体ふとまに」は、当時のようにフトマニ図を立体で再現しました。太陽から降り注ぐエネルギー「カムロギ・カムロミ」によって、様々な神を表すフトマニ図２番目の円「とほかみゑひため」、３番目の円「あいふへもをすし」の文字が、螺旋を描きながら地球に下りてくる様子もアクリルガラスの中で完全再現。その姿は神秘的にすら感じさせます。

また、片野氏の長年の神代文字の研究によって、フトマニ図の文字はエネルギーをより多く取り込む選りすぐりの神代文字に置き換えられました。

龍体文字は上古第12代ウマシアシカビヒコジ神、龍踊文字は上古第23代オシホミミ命による文字とされています。

古代のフトマニ図が果たした役割同様に、宇宙エネルギーを集める装置として機能しますので、お部屋などの空間浄化やお手軽なヒーリングツールとしてお使いください。

フトマニ図を現在の文字に置き換えたもの

本といっしょに楽しむ イッテル♥ Goods&Life ヒカルランド

「書く気功」を実践できる！

古代文字練習用紙

■3,300円（税込）

一文字一文字、声に出しながら龍体、カタカムナ、ホツマ、ホメミ文字で「ひふみ祝詞」「あわ歌」を書いていきましょう。毎日書いていると体も心も整ってきます。筆記用具は筆ペンで十分です。書き終わった用紙は燃やすと天に届きますので、現代では「燃えるゴミ」に出せばよいでしょう。

●サイズ：B4　●枚数：８種類×各10枚
© 一般社団法人古代日本の癒し普及協会

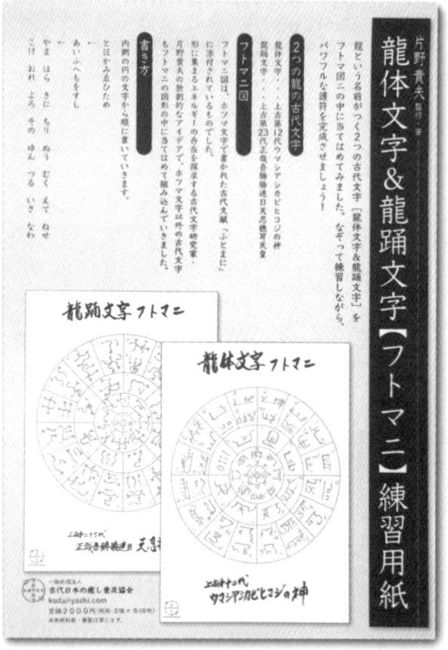

パワフルな護符づくりをマスター

龍体文字＆龍踊文字【フトマニ】練習用紙

■2,200円（税込）

「書く気功」と片野氏が言うように、フトマニ図をなぞって書き上げるだけで脳の基底核が鍛えられ、予知能力・第六感を磨きます。筆や筆ペンを用意してトライしてみましょう。

●サイズ：B4
●枚数：龍体文字・龍踊文字各10枚
© 一般社団法人古代日本の癒し普及協会

ヒカルランドパーク取扱い商品に関するお問い合わせ等は
電話：03－5225－2671（平日11時－17時）
メール：info@hikarulandpark.jp
ＵＲＬ：https://www.hikaruland.co.jp/

＊ご案内の価格、その他情報は発行日時点のものとなります。

本といっしょに楽しむ イッテル♥ Goods&Life ヒカルランド

片野貴夫・筆　ホツマふとまにツボシール

片野貴夫・筆
ホツマふとまに
ツボシール
30
枚入
一般社団法人古代日本の癒し普及協会監修
特徴
◎ツボ(症状を変えるスイッチ)に貼る、気になるところに貼る、貼りたいところに貼る
◎古代文字気功治療第一人者、片野貴夫の筆によるパワフルな形霊
◎ホツマ文字の16 字(トホカミヱヒタメ・アイフヘモヲスシ)、古代日本最強の配置が体を整える!
本来、古代文字気功治療家の片野貴夫は、オーリングテストで、ツボを探し出し、ホツマ文字1文字を選んで、書く方法を行っていますが、誰にでも気軽に試せるライトバージョンとして、8つのホツマ文字を組み合わせました。
※「古代文字の気功治療」ならびに「ホツマふとまに ツボ シール」は、一般社団法人古代日本の癒し普及協会の商標登録です。

片野貴夫氏 ＋ ヒカルランド
オリジナルグッズ　第1弾!!

神代文字を活用した気功治療家として数々の成果をあげている片野貴夫氏とヒカルランドによるコラボグッズがついに実現！　他では手に入らないヒカルランドだけの完全オリジナル品としてできあがったのは、本書を手にされた読者の方ならご存知、ホツマ文字によるフトマニの便利なシールです。

「とほかみゑひため」「あいふへもをすし」といった、神を表す文字で成り立つ、古代の言霊配置図フトマニは宇宙からエネルギーを集める装置として機能します。このシールをツボや、カラダの気になる部位に貼れば、それだけでエネルギーが空中から貼ったところに集まり、疲れや不調を癒やしカラダを整えてくれるでしょう。オススメは背中の大椎《だいつい》やおへその上にある中脘《ちゅうかん》というツボ。さらに、シールを貼った状態で太祝詞《ふとのりと》を唱えると効果的です。

このシールに描かれたフトマニは片野氏の筆によるもの。神代文字気功治療を極めた片野氏のエネルギーも込められたシールを、お手軽にピタッと貼って宇宙エネルギーを肌で体感し、古代に栄えた高度な文明の叡智を感じてみましょう。

販売価格：1,980円（税込）
数量：30枚　サイズ：直径25㎜
成分・素材：綿100%、アクリル系粘着剤
Ⓒ一般社団法人
　古代日本の癒し普及協会

ヒカルランドパーク取扱い商品に関するお問い合わせ等は
電話：03－5225－2671（平日11時－17時）
メール：info@hikarulandpark.jp
URL：https://www.hikaruland.co.jp/

＊ご案内の価格、その他情報は発行日時点のものとなります。

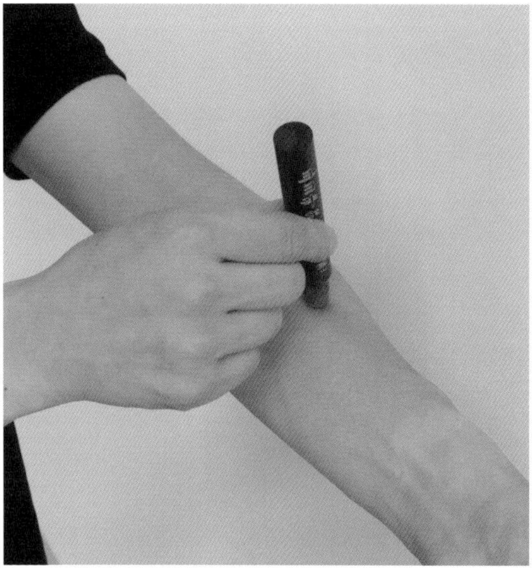

〈使い方〉
◎体の気になるところに棒の先端を当てるだけです。
◎太祝詞を３回唱えながら使用すると、共鳴作用によりさらに働きが増すことが期待できます。
◎東洋医学には、「虚」のツボに対しては補法、「実」のツボに対しては瀉法を用いるという原則がありますが、この器具を使うことによって、エネルギーの不足している部分には補い、滞っている部分には瀉する働きが自動的に行われます。

※本製品は波動エネルギーを補助するものです。感じ方は人によって異なります。
※真似ができない特殊な技法で作っています。類似品にはお気をつけください。当協会のマークが目印となります。
※天然素材につき、木目や色合いなど、それぞれ形状が異なります。同じものはありません。

箱と棒の表面には上古第23代正哉吾勝勝速日天忍穂耳尊【ホメミ文字】で
とほかみゑひため
あいふへもをすし　と印してあります。

〈本製品の取り扱い上の注意〉
天然木を使用しておりますので刺激の強い洗剤を使用しないでください。
微細な調整をした部品を使っておりますので優しく使用してください。
強く叩いたり、落としたりすると破損する場合があるので、ご注意ください。
洗顔やお風呂など水の中では使用できません。破損の原因になります。

販売価格：38,500円（税込）
サイズ：長さ124㎜
Ⓒ一般社団法人古代日本の癒し普及協会

ヒカルランドパーク取扱い商品に関するお問い合わせ等は
メール：info@hikarulandpark.jp　URL：https://www.hikaruland.co.jp/
03-5225-2671（平日11-17時）

＊ご案内の価格、その他情報は発行日時点のものとなります。

太祝詞(ふとのりと)プラズマ棒

ひとつ　ふたつ　みっつ　よっつ　いつつ　むっつ　ななつ　やっつ　ここのつ　とう
ひー　ふー　みー　よー　いー　むー　なー　やー　こー　とー　（太祝詞）

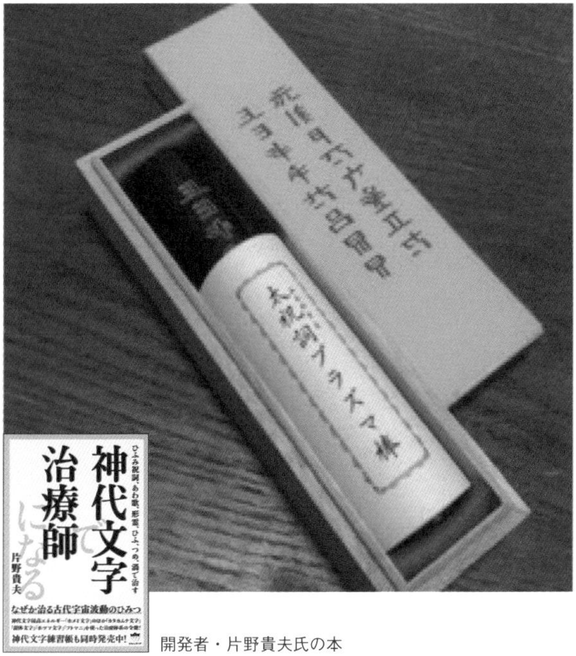

開発者・片野貴夫氏の本

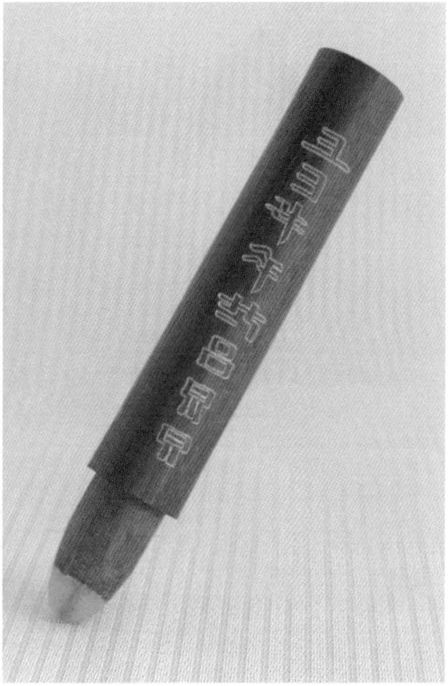

空間の素粒子を集め、先端から放出する健康器具です。
フリーエネルギー技術を応用しています。

キャップをはずすと、木製の器具の内部には、特殊な銅線が配されています。

ナノレベルの微細な状態になるように特殊な処理を施し、空間からエネルギーを集める素材を塗布しています。空間に充満する素粒子は、木を通過し、中の銅線に集まります。先端から大量の素粒子がプラズマのように凄まじい勢いで噴き出します。

●体の左右のゆがみを調整する時は → セットA（銀色）
本来は、体は左右均等ですが、バランスを崩すと体調が崩れます。
一人では難しいので、家族や親しい人と交代しながら、施術しあうのがおすすめです。
〈原則〉

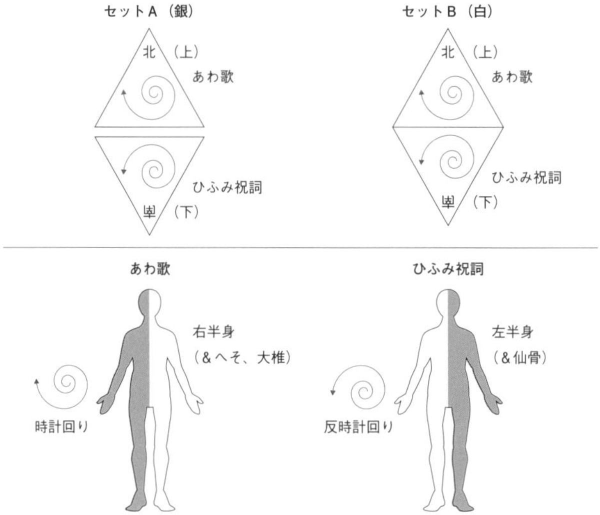

①体の左右のゆがみを見つけます。
　首は、皮膚をつまむとわかります。厚みがあるほうが悪い。
　胸は、左右交互に押してみるとわかります。反発力が強いほうが悪い。
　頭は、指頭で叩くとわかります。痛みのあるほうが悪い。
②原則は、右半身には「あわ歌」（北と書いてあるシート）、左半身には「ひふみ祝詞」（南と書いてあるシート）を使います。
※これは原則なので、ごくまれに逆の場合もあります。したがって、オーリングテスト、またはセルフォ（別売り）で調べてから行うのが良いでしょう。
③例えば、頭の右側に痛みがあったら「あわ歌のシート」を頭の右側に当て、もう一人の人に、うずをたどりながら、文字をひとつずつ指しながら読んでもらいます。
④終わったら、もう一度、叩いてみてください。強烈に痛かった右側の痛みがおさまって、左右均等になっているはずです。

販売価格：5,500円（税込）
サイズ：三角形の1辺の長さはすべて27㎝

＊ご案内の価格、その他情報は発行日時点のものとなります。

片野貴夫 監修　**神代文字ヒーリングパワー自動充電△シート**

エネルギーが形に集まることを形霊といいます。
三角という形では、底辺から頂点に向かってエネルギーが流れています。ヒトの体では、仙骨と両側の肩甲骨が三角形をしており、空中のエネルギーを取り込んでいます。このシートを使うと、それを補うことができます。

※セットAは、△が２枚のほうです。銀色です。頂点に北と書かれているほうには「ホメミ文字のあわ歌」が時計回りのうずで書かれています。南には「ホメミ文字のひふみ祝詞」が反時計回りで書かれています。
※セットBは、上記の△２枚が底辺でつながっています。白色です。ちなみに、「ひふみ祝詞」の部分の裏側には「フトマニ図」が書いてあります。それによって、エネルギーを引き込む力を増強させています。

それぞれ、使い方が異なります。

●眠れない時や疲れている時は → セットB（白色）
北枕にして、この白色のシートのうずが書いてあるほうを頭のほうに向け、このシートが大椎から仙骨までの間に来るような位置に置き、その上に寝て下さい。疲れも取れて、熟睡を得られることでしょう。何日か続けていると、エネルギーが満ちてきます。すると今度は、逆に眠れなくなる人もいます。それはエネルギーのチャージが完了したということなので、シートを敷く時間を短くするか、またはシートを取って寝てください。疲れた時に使いましょう。
セットBは一般用として、あまり強すぎないように白色にしてあります。かなり弱っている人や重篤な状態であれば、セットA（銀色）の２枚を貼り付けて、同じように使ってみてください。

監修　片野貴夫
カード（68㎜×90㎜）×128枚入り
本体6,200円＋税

《形霊＆言霊》の知られざる超パワーを解き放つ ホツマふとまにカード128

片野貴夫氏監修のホツマふとまにカードが完成しました。128首のふとまに和歌には秘められた力があります。古来より重要なものとして日本に伝えられてきたフトマニですが、そのPOWERの源の智慧は消失してしまいました。それを現代に蘇らせる第一歩となるのが、この《ホツマふとまにカード》の128首の和歌です。この和歌もフトマニの中の文字を規律に従って拾っていくことで出来上がったものです。毎日声を出して読んでみてください。「ひふみ祝詞」はただ唱えるだけでなく、古代文字をひとつひとつ頭に浮かべながら行うとさらに効果があります。そして縄文より連綿と続く《太古日本人》の叡知を体感しましょう！　遊び方しだいで、あなたの知能・肉体の能力の開花に貢献する不思議なカードです！《私は、気功治療にホツマ文字を使って行っていますが、古代日本の文献を治療家の立場から読み進めているうちに、さまざまな健康法に出会いました。百二十八の歌もそのひとつでした。札を手にとって毎日読み上げてみましょう。古代日本の美しい和歌の世界を味わいながら、いつまでも若々しく健やかに過ごせることでしょう。》

本体3,241円＋税

動画販売 実績抜群！ 免疫パワーUP最大化レッスン 片野式気功ワーク完全公開！

《トホホ＝病気・絶不調》で生きるか
《ワハハ＝絶好調・健康》で生きるか
あなたの運命を分ける1日20分の実践ヒーリング教室
日々休むことなく新たな治療法をあみ出し続ける人体調律師・片野貴夫が、気功の師匠である張広徳老師から伝授された気功と日本の神道からヒントを得て編み出した片野式気功が今ここに完全公開！　筋肉は使い過ぎても「縮み」、使わなくても「縮み」ます。健康を維持するにはどのくらいの運動時間がベストなのか？　様々な不調を克服するにはどのくらい気功をすれば良いのか？　30年気功を指導して得た結論は「1日20分間」。1日20分だけ気功を続ければ効果があります。気功は一日に長時間やらなくても健康を維持することができるのです。

内　容

Part 1 導引養成功
1）舒心平血功（心臓の気功）　2）育真補元功（腎の気功）　3）益気養肺功（肺の気功）　4）導引保健功（健康を維持する気功）　5）醒脳寧神功（顔面の気功）

Part 2 片野貴夫オリジナル気功
1）八方向気功　2）若返りの気功
3）カムロギ、カムロミの渦の気功
4）こほしの ゑなの気功

セルフォ（正式名 / セルフ・オーリング・テスター）

オーリングテストって知ってますか？　2本の指で丸い輪を作り、相手も指で丸い輪を作って、その相手の丸い輪を引っ張り、輪が開くかどうかで様々なことを判断する、代替医療の診断法として医学界でも注目を集めているテストです。従来、オーリングテストは2人でテストをしていましたが、体の悪い部分、自分に合うもの合わないもの、薬の善し悪し、セルフォならひとりでも出来ます。セルフォは、小さくて軽いので持ち運びに便利。3段階設定なので、使用する人の握力に応じて使い分け可能。あまり頼りすぎてもいけませんが、楽しんで使いましょう。

販売価格　3,850円（税込）
セルフォ　特許第3643365号

縄文ふとまにシート〜龍体文字〜

推定5600年ほど前、ウマシアシカビヒコジノ神が発案したという龍体文字。片野貴夫氏の筆により、ホツマの時代（推定3300年ほど前）にホツマ文字で作られた「ふとまに」の中に、龍体文字をはめ込みました。茶色と黒色の2枚入り（材質・合皮／直径85ミリ／商標登録済）。茶色シートを【仙骨】の上に敷いて寝ると体を活性化、黒色シートは鎮める効果があります。文字が描かれている方を肌にあてて北枕で寝てください。コースターにも使えます。シートの上に飲み物や食品を置くことで味に変化があらわれます。お楽しみください。

販売価格　2枚入り　3,300円（税込）

片野先生の気功法の集大成ともいえる
〝呪文＋文字＋カード〟の最強コラボ!!

128ピッコロで作るストーンサークル

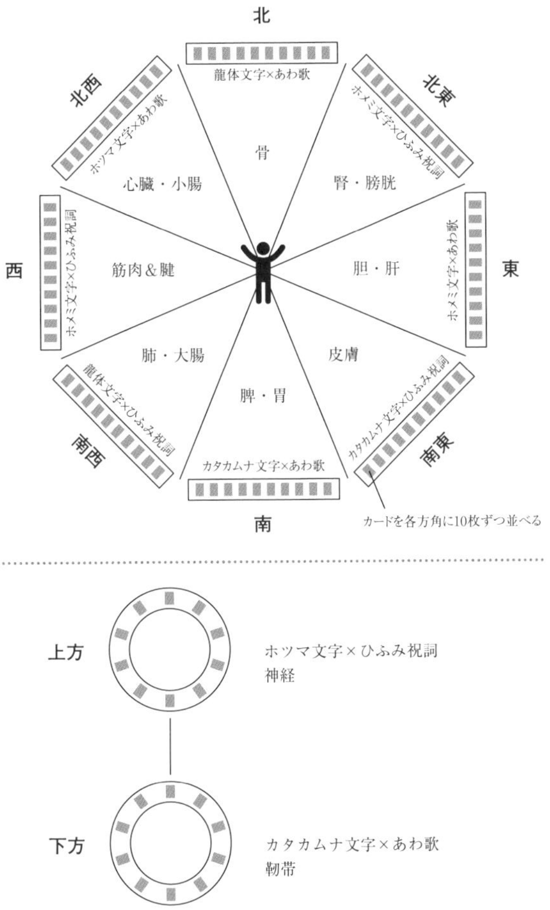
北
龍体文字×あわ歌
骨
北東
ホメミ文字×ひふみ祝詞
腎・膀胱
東
ホメミ文字×あわ歌
胆・肝
南東
カタカムナ文字×ひふみ祝詞
皮膚
南
カタカムナ文字×あわ歌
脾・胃
南西
龍体文字×ひふみ祝詞
肺・大腸
西
ホメミ文字×ひふみ祝詞
筋肉＆腱
北西
ホツマ文字×あわ歌
心臓・小腸
カードを各方角に10枚ずつ並べる
上方
ホツマ文字×ひふみ祝詞
神経
下方
カタカムナ文字×あわ歌
靭帯

片野先生の長年の研究によって、石を、東西南北とその間の北東、南東、西南、北西、さらに上方、下方の合計10方向に10個ずつ並べ結界を作り、神代文字を頭に思い浮かべながら呪文を唱えることによって、体に触れることなく、ツボの痛みや症状が解消していくことがわかりました。

今回は、石よりもさらにパワフルな結界が出来たという『ホツマふとまにカード128』の結界仕様のミニサイズ結界バージョン『ホツマふとまにカード128ピッコロ』と、片野先生の気功治療で抜群の効果があった、【ホツマ文字、カタカムナ文字、ホメミ文字、龍体文字】の４種と【あわ歌、ひふみ祝詞】を組み合わせた８種類の最強の組み合わせを中心とした『神代文字＆呪文カード』を制作いたしました。〝呪文＋文字＋カード〟のコラボレーションを是非ともご体感ください。

本といっしょに楽しむ イッテル♥ Goods&Life ヒカルランド

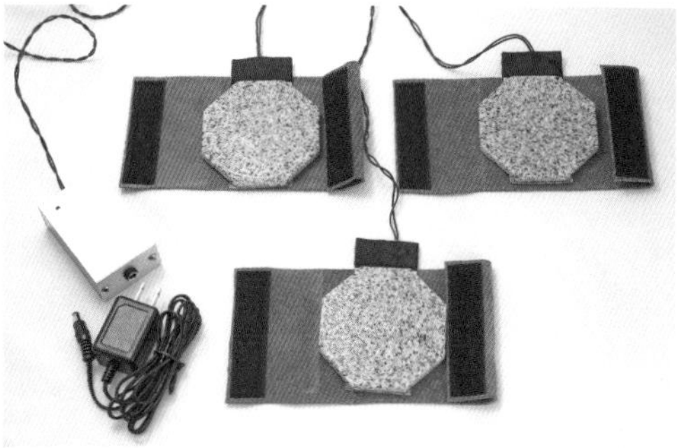

岩盤浴を超えた波動岩盤浴器

波動岩盤浴器 ～いつでも、どこでも～

■305,556円（税込）

龍体文字のフトマニ図が集める宇宙エネルギーに、遠赤外線、テラヘルツのエネルギーも加わり、体をポカポカと温めます。複合的な波動エネルギーが無限大の力となって絶大な癒し効果を与え、健康をサポートします。

●サイズ：八角石直径90㎜、ケーブル全長約330㎝（中間アダプター含む） ●材質：御影石 ●100V～240V（50Hz/60Hz） ●セット内容：本体（電子ヒーター接続八角石×３連、カバー付）、ACアダプター、固定用サポーター

© 一般社団法人古代日本の癒し普及協会

※革製のカバーの色は変更になる場合があります。

龍体文字

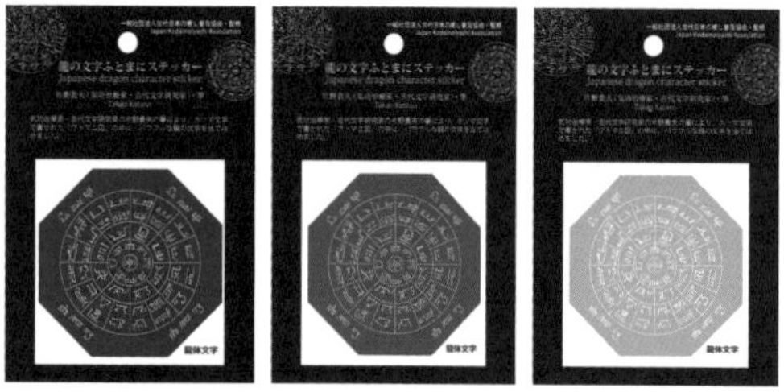

龍踊文字

大切な物にエナジーチャージ！

龍の文字ふとまにステッカー

■各1,540円（税込） 6枚セット 7,700円（税込）

龍体文字・龍踊文字のフトマニ図がステッカーになりました！宇宙エネルギーが宿り形霊として機能しますので、交通安全の護符として愛車に貼るなど、大事なもののパワーグッズ化にお役立てください。

●種類・カラー：龍体文字（紺）（赤）（ピンク）、龍踊文字（黒）（黄）（薄紫）

●サイズ：直径80㎜

© 一般社団法人古代日本の癒し普及協会

ヒカルランドパーク取扱い商品に関するお問い合わせ等は
電話：03－5225－2671（平日11時－17時）
メール：info@hikarulandpark.jp
ＵＲＬ：https://www.hikaruland.co.jp/

＊ご案内の価格、その他情報は発行日時点のものとなります。

ペットボトル2リットルの場合は6分(オートシャットオフ機能)で波動水が出来ます。

【藤田氏おススメ使用方法】

☆転写する物に制限はありませんが、コーヒー、紅茶、お茶等の飲み物、水分量の多い食べ物、野菜、ご飯などに高波動のものを転写して好結果が得られた報告もあります。
作用を受ける私たちの体も約60～70%の水分で構成されているので転写波動の影響を大きく受けます。

30年前、大手家電メーカーSで当時脚光を浴びていた波動転写器をリバースエンジニアリングで改良して以来、ずっと研究し続けてきました。2つのメビウスコイルをつないでゼロ磁場を作り、トーラスエネルギーを発生させています。2つの方位磁石でぜひゼロ磁場をご確認ください。私の商品開発史上、最強の波動転写機が実現しました。自信を持ってオススメします。

(藤田武志氏)

古代のスメラミコトは天皇として神代文字を紡ぎだしてきました。これによって、体内の極微の生物ソマチッドが活性化することも知っていたのでしょう。私は神代文字を治療に使いだして、すでに20年近くになります。日本に隠された宝とは、神代文字のこと。その活用方法は、工夫次第で無限大です。この【魔人くん】で使う文字の種類、並べ方、効用が最大になるよう、セルフォで決めていきました。新たな神代文字の活用法の誕生です。 (片野貴夫氏)

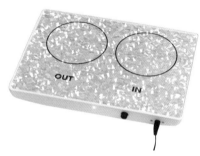

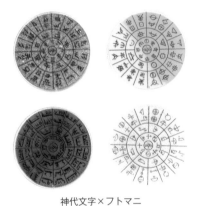

ヒカルランド　好評既刊!

地上の星☆ヒカルランド　銀河より届く愛と叡智の宅配便

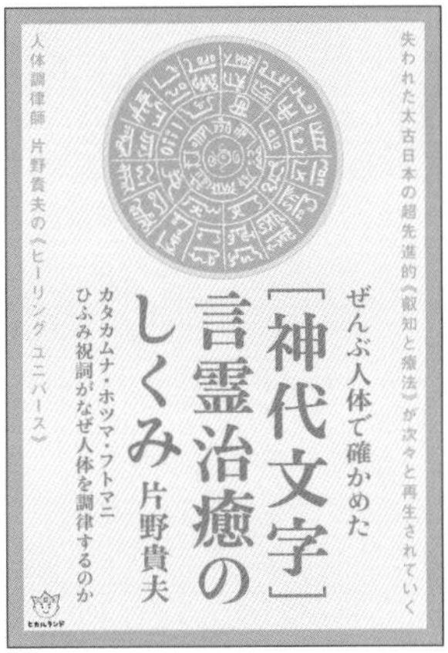

[神代文字] 言霊治癒のしくみ
著者：片野貴夫
四六ハード　本体1,700円+税
超★わくわく　シリーズ053

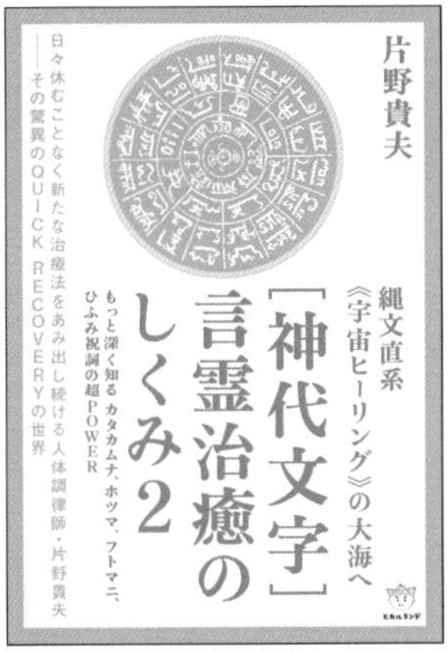

[神代文字] 言霊治癒のしくみ 2
著者：片野貴夫
四六ハード　本体1,759円+税
超★わくわく　シリーズ057

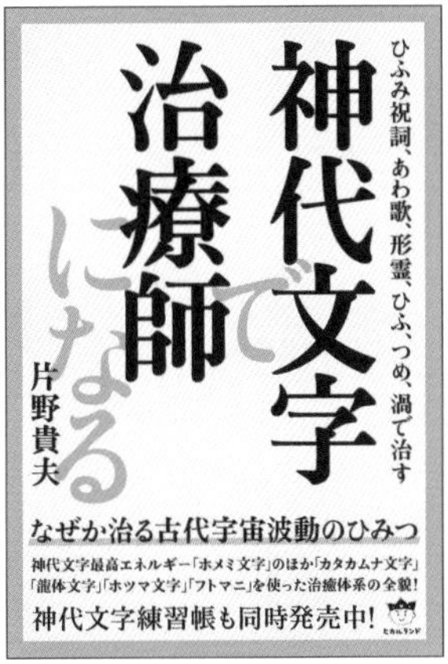

神代文字で治療師になる
著者：片野貴夫
四六ソフト　本体1,620円+税

神代文字はこうして余剰次元をひらく
著者：丸山修寛／片野貴夫
四六ソフト　本体1,815円+税

神代文字とインナーチャイルド
【新たなる治癒の宇宙へ】
著者：丸山修寛／片野貴夫
四六ハード　本体1,815円+税

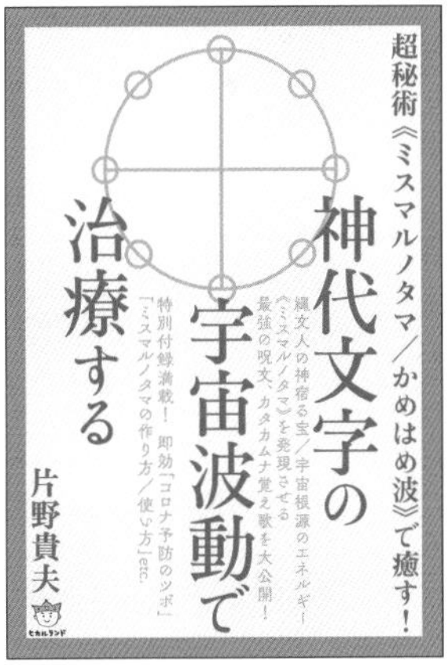

神代文字の宇宙波動で治療する
著者：片野貴夫
四六ハード　本体2,000円+税

護　符

（龍体文字フトマニ）

片野貴夫 筆

護　符

（龍踊文字フトマニ）

片野貴夫 筆